自然养育之道

不一样的挪威教养

李濠仲◎著

朝華出版社
BLOSSOM PRESS

版权登记号：01-2017-1700

图书在版编目（CIP）数据

自然养育之道：不一样的挪威教养 / 李濠仲著．——北京：朝华出版社，2017.5
ISBN 978-7-5054-3927-6

Ⅰ. ①自… Ⅱ. ①李… Ⅲ. ①教育研究—挪威 Ⅳ. ① G553.3

中国版本图书馆 CIP 数据核字（2017）第 044064 号

本书中文简体字版 © 2016 年由远足文化事业股份有现公司（卫城出版）正式授权，同意经由 CA-LINK International LLC 授权北京博观世纪文化发展有限责任公司代理。非经书面同意，不得以任何形式任意重制、转载。

自然养育之道：不一样的挪威教养

作　　者	李濠仲　著
选题策划	博观世纪｜谌三元
责任编辑	刘冰远　赵曼
责任印制	张文东　陆竞赢
封面设计	红杉林文化
插画师	日淳
出版发行	朝华出版社
社　　址	北京市西城区百万庄大街 24 号　邮政编码　100037
订购电话	（010）68413840　68996050
传　　真	（010）88415258（发行部）
联系版权	443402818@qq.com
网　　址	http://zhcb.cipg.org.cn
印　　刷	北京玥实印刷有限公司
经　　销	全国新华书店
开　　本	889mm×1194mm　1/32　字　数　120 千字
印　　张	7.625
版　　次	2017 年 5 月第 1 版　2017 年 5 月第 1 次印刷
装　　别	平
书　　号	ISBN 978-7-5054-3927-6
定　　价	35.00 元

版权所有　翻印必究·印装有误　负责调换

自序

1933年，丹麦作家阿克赛尔·桑德摩斯（Aksel Sandemose）在小说《难民迷影》(*En Flyktning Krysser Sitt Spor*)中，虚构了一座名为杨特（Jante）的小城。城里，大家有一套共同遵守的律法，又叫杨特法则[1]。它最核心的论述，就是"别自以为你有什么特别或比我们了不起"。在某种程度上，其精神看似有违人类追求卓越的特性，却和北欧国家倡导的平等主义，以及众人智慧优于个人智识的价值观一拍即合。很长一段时间内，它因而成了斯堪的纳维亚的教养哲学，丹麦、瑞典乃至挪威都深受影响。

---

[1] 杨特法则（Jante Law），首次出现于挪威作家桑德摩斯（Aksel Sandemose）的小说《难民迷影》(*En Flyktning Krysser Sitt Spor*, 1933)中。是指斯堪的纳维亚的集体社群多以负面刻画与批评个人成功与成就为主旨，认为强调个人的成功是不足取也不恰当的。杨特法则确实曾经深刻地影响了挪威社会，且有正面意义。但时至今日，挪威人对杨特法则的认知已有所不同，甚至认为它它太过压抑了人性中的企图心。虽然挪威人承认长期受到杨特法则的影响，但其实很少有人再把其奉为圭臬。近年来多有文章主张挪威应该抛开杨特法则的掌控，让挪威人能自在地追求卓越。

自然养育之道：不一样的挪威教养

　　说实话，一开始，我对杨特法则有些不以为然，因为它强调的是：别认为你有什么特别的；别认为你可以代表我们；别认为你比我们聪明；别认为你比我们好；别认为你比我们知道得多；别认为你比我们更重要；别认为你有什么特别专长；别嘲笑我们；别认为有任何人在乎你；别认为你能教我们什么。谦冲自牧固然是我们熟识的传统美德，但杨特法则显然有些矫枉过正，甚至有意要压抑一个人出人头地的雄心企图，只希望大家都能无难无灾、平平淡淡。

　　因为娜拉的关系，我开始试着理解挪威式的教育。起初，它确实印证了我对杨特法则的负面评价。时至今日，挪威人虽然有意淡化其民族血液中受制于杨特法则的思想浓度，或者转以属于现代文明的语调，去涵盖他们的教学作风，我却认为这套削弱人心斗志的信条，依旧在当地校园里屡屡作祟，未曾被消弭。因为，就我亲身经历的北欧观察所见，挪威人养儿育女的内容正印证了系列松散、惬意、毫无推进力的教学方法，无一不契合杨特法则的精神。

　　谁能想象，一个号称现代文明典范的国家，其儿童几乎要到上小学阶段才开始识字，数理基础多数还停留在辨识"五颗苹

自序

果""三根香蕉"上。很显然，他们将寓教于乐发挥到了淋漓尽致的程度。在外人眼里，他们的孩子成天只知道玩耍。2015年举家离开挪威后，存留在我脑海中关于当地幼教记忆的画面，仅剩下娜拉穿着厚重的雪衣在学校室外游乐区追逐嬉闹。

一开始，我只要稍加推想，自己的女儿如果必须在挪威成长，就不免忧心，长期处在如此轻松自在的校园环境中，长大之后，娜拉会不会因此而知识匮乏、见解空洞、专业薄弱、个人竞争力不足？这曾是我的一大困惑，如果缺乏积极进取、充满企图的学习氛围，这个国家的人才何以养成？在此之前，我对教育目的的理解，无非是培育优秀的人才，使其具备能够谋得金领的技能，从而为自己创造出优越的生活条件。这正是所谓的最简单明确的定义，也是所谓的天下父母心。一开始，我并未从挪威教育中察觉到快乐学习和成就之间的任何关联。

只是，话说回来，有些客观数据提醒我们，眼前所见的背后说不定还有尚未被人察觉的一面。当经济合作与发展组织（OECD）将挪威列于会员国中生活环境最美好的国家，联合国多次将挪威排的人类发展指数排为第一名时，如此这般的"国际模范生"，便又不像是举国皆是懒散、怠惰、昏昧之徒所

自然养育之道：不一样的挪威教养

能获得的表现。数年寓居挪威，我有幸结识许多当地朋友。平心而论，他们可没一个是傻瓜。那么，关于挪威式的教养，我是否不慎忽略，抑或误会了某个环节？原先我所观察到的挪威教育多数偏重玩乐的现象，会不会仅是得其外表？

通过进一步深究，我才另有发现。其实，挪威父母在教养子女的过程中，除去才艺、知识的栽培，更重视子女的心灵成长，同时，他们总是尽可能地协助其培养独立生活的技能以及独立思考的成熟心智。这一新兴王国的校园里，纵有杨特法则的影子，却更加证实了一句希腊古谚：一个人在成年之前，唯有兼具强健的体魄和健康的心灵，未来才不怕有什么事情学不来。

2008年，挪威导演亚丝拉琪·霍尔姆（Aslaug Holm）突发奇想：将自己两个儿子的成长过程拍摄成一部纪录片。这应该是不错的点子。尔后，她便用八年的时间完成此举，最后浓缩剪辑出片长110分钟的《兄弟》(Brothers)。亚丝拉琪·霍尔姆拍摄这部纪录片的时间，和我居住在挪威的那些年有部分重叠。原本我以为因为脑海中过往怡然自得的北欧生活随着眼前熟识的画面再一次滚滚泛起，我才会为这悠悠记述的影像版家书而悸动。直到几经沉淀，筛洗掉其中对异域风情的

自序

自我陶醉，亚丝拉琪·霍尔姆镜头下的点滴细节，才直接让我感觉折射出了对北欧社会关于人格教养的真挚赞许。

他们教导小孩学习尊重他人的方式，实则是以率先尊重自己的孩子为开端；父母和子女之间纵有价值观上的差异，也不会以其权威地位迫其就范；视子女为独立的个体，而且从小孩出生的那一刻就打算这么做；学校教育重视每一名学生，并非如牧羊般地以制式的条规对其发号施令……而这些基础的人格养成，显然是在一个人习得所有才能、知识之前奠基。

"你应该允许你的孩子被当成个孩子。"这是挪威人送给我这个新手父亲的饯别之礼。直到这本书完稿，我才明白，挪威的家长从不急切地要求小孩必须依照成人世界的游戏规则去成长。他们从不催促小孩跟上大人默认的生活进度，因为小孩自有他理解、认识世界的方法和规则，身为父母，最主要的任务在于多给予机会，让其自我探索即可。

挪威人以"快乐童年"作为学校教育政策的轴心思想，粗略观之，我们会以为给予太多的玩乐空间和时间，将有损一个小孩未来的竞争力，甚或徒增一群懒散、怠惰、毫不自律的下一代。以为如此一来，父母只是想把时间空下来到巷口喝杯咖

自然养育之道：不一样的挪威教养

啡，进而错解了"快乐童年"的真正含义。实际上，确保每一个小孩都能在良好的身心状态下成长，才是当地人人格养成的基础源泉。我同时恍然大悟，为什么挪威人的传统成年礼，能在他们15岁生日那天就盛大举行，反观15岁时候的我，尚处于少不更事的青春岁月，而年纪轻轻的挪威人，却早已准备好全然掌握自己的人生。书籍完稿后的来年（2016年），我个人的粗浅体悟，也从亚丝拉琪·霍尔姆，这位典型挪威母亲所拍摄的《兄弟》纪录片中得到些许呼应。娜拉与我的亲身经历，所幸不会只是外来者的偏见取景。

身为父母，我对娜拉的未来当然也有所想象，难以避免地会在诸多细节中，欲图插手雕塑本该完全属于她自己的人生，只是多了份挪威因素。在她15岁来临之前，我将时时刻刻谨记自己当初书写下的点点滴滴，以挪威人为镜，并且自我教育，重新理解为人父母的职责以及教育的意义，说不定还能建构出更为健康有益的亲子关系。无论对娜拉还是对我而言，这样的过程相信皆是富有意义的。由衷期盼，从斯堪的纳维亚校园和家庭发散出来的玄妙音符，经由此书，也能在中国读者的心中兴起一丝共鸣。

目录

第一章 新生：顺其自然　　//1

　　1. 从出生那刻起，育儿就是漫长的学习之旅　　//3

　　2. 常带孩子出去走走　　//15

　　3. 早早上幼儿园真的有那么可怕吗？　　//26

　　4. 反复生病是成长过程的必经之苦　　//38

第二章 幼儿园：尽情玩吧　　//49

　　5. 专注玩乐是个人创造力的源泉　　//51

　　6. 回归自然的户外教学模式　　//62

　　7. 参与式学习让孩子拥有更深刻的体会　　//74

　　8. 书是上上之选的生日礼物　　//87

　　9. 给予孩子成人般的尊重　　//98

第三章 基础教育：独立人格　　//109

　　10. 不要让孩子的童年过得太过匆忙　　//111

　　11. 做自己，自我抉择　　//123

　　12. 在自己擅长的道路上，走好每一步　　//131

　　13. 挪威学校的工艺课　　//140

　　14. 挪威教育中的成年礼　　//151

第四章 价值观：和谐共生　　//161

　　15. 道德感源于自我内心做出的判断　　//163

　　16. 成为一个不对周遭冷漠的人　　//172

　　17. 对环境的爱惜源于亲近自然　　//181

　　18. 平等、宽容是多元文化发展的基础　　//190

　　19. 沟通是教育真正的目的　　//198

　　20. 一所挪威高中的社会科目考试　　//207

后记　儿童至上　　//217

附录　写给娜拉的一封信　　//225

# 第一章

新生：顺其自然

1. 从出生那刻起，育儿就是漫长的学习之旅

按照挪威人的育儿观念，所有孩子在有能力独立行动与生活之前，都需要父母的照顾和扶持。对于父母和子女来说，此同为一段漫长的学习之旅，且从子女出生那一刻就开始进行了。

助产士将一张记录娜拉出生信息的粉红色小卡片交给我们。上面记录了如下内容：体重2586克，身长48厘米，头围33厘米。卡片制作得非常简易、稚拙，犹如幼儿园里的代表作。但毕竟那是她来到这世界的首份纪念品，作为娜拉

自然养育之道：不一样的挪威教养

人生起点的一个见证物，它颇有保存价值。

历经六个多小时的阵痛，葛罗莉亚（作者的妻子）终于顺利产下一名女婴。得知娜拉出生后，她的第一反应是："她怎么没哭？"19世纪欧洲人对外殖民统治时期，流传着一则历时久远的传说：古老的爪哇人认为婴儿离开母体哭个不停，很可能是发现眼前的世界让自己感到不舒服，进而想钻回妈妈的肚子里。我们无从得知娜拉当时静默无声的含义，不过，因为哭声通常被用以判断新生儿是否健康无碍，尽管娜拉紧接着便使劲儿地啼哭起来，前后几秒钟的时间差还是让我们一度感到不安。

对于是否要留在挪威生产，葛罗莉亚怀孕初期一直举棋不定。稍早之前，曾耳闻几位华裔挪威太太不甚愉快的生产经历，使她心生疑惑。若是完全接受挪威医疗体系的生育安排，会不会是一个冒险性的尝试？

挪威医生总是坚持己见，无视个别孕妇的孕期反应，也不考虑亚洲人和欧洲人体质的异同。非得孕妇临产状况显现危机时，才同意剖腹生产，此刻，孕妇历经数小时的阵痛折磨已痛不欲生。产检过程则去繁就简，家庭医师仅会从母亲怀胎第十八周开始，到数月后小孩出生的这段时间，为孕妇转诊至妇

第一章 新生：顺其自然

产科诊所进行超声波检查。那是母亲经由仪器观察到自己胎儿的唯一机会。由于和印象中的产检流程不尽相同，我们生怕得不到密集的检查信息，会增加生产风险。娜拉出生后的前几秒钟处于无声状态，使得葛罗莉亚一度以为自己当初做出的决定是错误的。

或许是第一胎的缘故，自从知道她的存在，我们的生活就变得紧张兮兮的。我尤其刻意地避免碰触葛罗莉亚的腹部，严正提醒她走路小心，最好不穿高跟鞋。当然，把情绪已然不太稳定的孕妇当作小孩子般纠正提醒，换来的就是双方无数次的口角。很多时候，当初怀孕的葛罗莉亚也处于精神紧绷状态时，擦枪走火的争执也就在所难免。

葛罗莉亚总是时时刻刻挂念着肚子里的娜拉，想知道她心跳是否正常，每周身形有没有按照标准成长变化，胎儿营养摄取是否充足，胎位是否正常，有无脐带缠绕迹象，若不能通过仪器的检查监测，确保娜拉健康无虞，她几乎无法安心入睡。为此，我们经常主动要求家庭医师，纵使不能每个月都安排超声波检查，至少可借用诊所里的胎儿心跳听测器，让我们每隔一段时间就能隔着肚皮聆听她"咻咻咻"的心跳声。

自然养育之道：不一样的挪威教养

开头那几个月，适逢挪威冬季，室外白雪皑皑，少数人行道上还结了冰霜，对于孕妇来说，简直处处充满危机。我们不得不百倍小心，提防出现任何闪失，以免酿成大错。此外，我们还把所有关于怀孕生产的疑惑，一股脑儿全数"搬往"家庭医师的诊室。如孕妇需不需要运动？该做什么样的运动？能不能提重物？坐能坐多久？站能站多久？该补充什么营养品？怀孕五个月适不适合乘坐飞机短途出差（当时葛罗莉亚刚好有出差任务）？该采取什么样的睡姿才不会压迫到肚子里的小孩？咖啡还能照喝吗？什么能吃？什么不能吃？比起初来乍到，面对这人生地不熟的国度，迎接新生命的到来更让我们不知所措。

偶尔，我们会不自觉地将过往熟知的民间迷信也端上台面和家庭医师讨论。例如家中此时能不能钉钉子、敲榔头，或者是不是真的不宜搬动床铺、调整家具的位置。每一次我们约好家庭医师，都会随身携带着千奇百怪的问题登门请教。有些顾忌确实必须得到专业建议，有些则因多虑无知。直到有一次，耐性十足的家庭医师终于忍不住对葛罗莉亚说："听好，记住了，你只是怀孕，不是生病。别去想那些奇奇怪怪的问题了。"言外之意，应该是要我们适可而止，不要再杞人忧天。

第一章　新生：顺其自然

由于为了确保怀孕过程万无一失，加上两人无法克制的紧张，怀孕初期的喜悦之情后来的确有些变调。

于是，我们重新调整生活的节律，试图以轻松的心态面对怀孕过程中难以避免的不安。这个时候，葛罗莉亚已迈入孕期第六个月。出门环顾周遭，我们发现其他挪威孕妇走在路上时，并不特别掩饰自己的大腹便便，少有人会以宽松的洋装刻意遮盖圆滚滚的肚子。她们穿着轻便，挺着肚子照样逛街、买菜，在泥泞的雪地上健步如飞，又或者写意豪迈地坐在露天咖啡馆里，欣赏着窗外的冬雪，与友人谈笑风生。即使坐公交车，也不会有人刻意起身给她们让座。在挪威，推着婴儿车上街也许偶尔能得到旁人出手相援——对待孕妇，当地人多半视其一如常人。

葛罗莉亚决定与当地人一样，除了未仿效挪威人不加掩饰自己日益浑圆的腹部外，她已渐渐地摆脱了惊弓之鸟般的状态。至于我，多数时间爱莫能助，只能遵照挪威医师的指示，"别给孕妇幼儿般无微不至的照护"。

预产期日益逼近，我们被转到奥斯陆弗罗古纳尔（Frogner）的卫生中心，那里有专业的助产士为我们提供进一步的咨询。助产士制度（Jordmor）在挪威行之有年，在一个

自然养育之道：不一样的挪威教养

不习惯由祖父母插手育儿工作的国家，助产士的作用就是让我们这类对新生儿一无所知的父母不至于感到彷徨无助。她们的工作还包括徒手按压孕妇肚皮检查胎位，以及确认孕妇是否即将临盆。同时，不仅要关照孕妇的生理反应，最主要的还需协助孕妇保持平静的心情。当时助产士提醒葛罗莉亚随时都有可能破水，事后果不其然，娜拉在葛罗莉亚离开卫生中心后的隔周就提早报到了。

负责协助葛罗莉亚生产的挪威国家医院，位于奥斯陆北区的一座小山丘上。据报载，挪威王室的小公主英格丽德·亚历山德拉（Princess Ingrid Alexandra）也是在这家医院诞生的。过去10个月成天忐忑不安的我，某种程度上竟将这则消息当作医院的医疗质量保证。

待在产房，葛罗莉亚和产前阵痛进行顽强的搏斗，偏偏"父亲"一职尚无用武之地。但回顾这一路以来"挪威式"的怀孕过程，其实已经在训练我如何迎接一个全然陌生的生命——既然生育是人类世界的常态，那么挪威的家庭医师、助产士始终对此淡然处之，举国不予孕妇特别待遇的方式，也就不必大惊小怪了。我很庆幸挪威医疗体系自始至终都把我们当

第一章 新生：顺其自然

作一般的挪威父母，我们才得以一步步地筛除掉无谓的焦虑和紧张。风险也许依然存在，但却不应该过度干扰即将为人父母者的日常生活。

没有人可以真正掌握孕妇肚里胎儿的实际感受，我们也早就遗忘了自己初生为人时的经验。所有人都是如此，最多是以一种人性本能的直觉和反应，去想象、揣测一个新生命的喜怒哀乐和任何可能的不舒服、不愉快。尽管无法确切地理解小生命的内在世界可能会让准父母略感不安，但挪威人认为"天性"终将协助孩子适应自己身处的环境。那么，又何须过分依赖仪器、偏方、药物，乃至风俗迷信呢？

不可否认，欧洲人的确有其先天的体能优势，即便挺着大肚子，当地妇女在行动上也甚少有负担，旁人自然不需要投去太多的关爱眼神。无形中，这其实有助于新手父母以平常心面对新生儿。孕妇不会因为被认为"弱势"而处处受到礼遇，不会以为挺着肚子必然危机重重，平白给自己增添额外的心理压力。

娜拉当然是我们的掌上明珠，我们很难不对她视若珍宝。但我们也明白，其实没有理由期待周遭所有的人，和我们一样

自然养育之道：不一样的挪威教养

看待葛罗莉亚肚子里的孩子。对于娜拉来说，日后这或许不是件坏事。

直到今天，挪威人仍可选择在家生产。[1] 有些人相信，熟悉的环境可以大幅度地减轻孕妇的压力。我们并没有这么做。因为比起想象中冷冰冰的手术台，挪威国家医院的产房环境，其实也与自家住宅卧室没有太大差别。葛罗莉亚躺在床上气喘吁吁，我轻抚着她冒汗的额头，助产士最终顺利将娜拉"拖"出，伴随着迟来的哭声，我们家从此多了一名新成员。我这才发现，挪威式简易的生产流程，从头到尾都不见医生出马，意味着生产过程一切顺利，母子均安。在挪威接生小孩，是助产士、护士和父母彼此共同的任务，医生只有在万不得已之下，如难产、需要开刀或注射无痛分娩时才会登场。极其有幸，当时娜拉完全不需要医生帮忙。

浑身皱巴巴、经稍事清洁后身上还带着些血渍的娜拉，很快就被交到葛罗莉亚的手上。这光溜溜的小生物，本能地蜷缩在母亲胸前，护士按照院方传统，送来两杯金黄色、汽

---

[1] 在家生产：挪威医院会派出助产士到家中帮忙接生，因为自宅是孕妇最熟悉的环境，不会受到医院气氛的感染而过分紧张、焦虑。甚或有人选择在家中的浴缸里生产（孕妇半身浸在水中），似有减缓疼痛的效果。专业的助产士会随侍在侧，提供专业意见，其所有过程皆着重于人类（母亲）的自然生育本能。

第一章　新生：顺其自然

泡正哧哧作响的苹果汽水，附带一面挪威小国旗，祝贺母子平安，并嘱咐葛罗莉亚自行盥洗沐浴后，就可转至恢复室。

这又犯了我们认知中的产后大忌。首先，汽水是冰的。其次，产后洗头、洗澡，在我们家乡，这样的行为似乎并不受到鼓励。但在挪威，生完小孩就如同打扫家里的庭院，只要洗个澡、睡个觉，仿佛一切就又重新步上日常轨道。产妇在医院恢复室短暂住宿三天，院方会借此观察新生儿的健康状况。对于父母来说，那三天不仅未被奉为上宾，倒像是参加了新手父母的特别训练营。

自然养育之道：不一样的挪威教养

就在我们刚从人仰马翻的情境下逐渐回过神之际，院方随即派出另一组护士，每隔三小时就把睡眼惺忪的我们从床上拉起来，嘱咐并教导葛罗莉亚正确的哺乳方式，同时为我们示范如何给眼前软绵绵的婴儿洗澡、包尿片和更衣。在我看来，挪威护士对待新生儿的手法未免太过粗鲁。洗澡是用恢复室里的洗手槽，她们抓着婴儿冲洗的过程，和冲刷杯子的手法不相上下。更衣、换尿布的动作，兼杂着拉、翻、抓、扯，我们几度为娜拉捏把冷汗。直到出院前，我们已被训练了数十回，也终于理解，技巧熟练后，确实无须把婴儿当成吹弹可破的易碎品。

三天的恢复室生活，我们分分秒秒都处于被护士赶鸭子上架的状况。他们让一对原本毫无头绪的新手父母，在最短的时间内，硬着头皮练习打理新生儿的一切，以确保我们离开医院后，不会茫然不知所措。当然，这三天娜拉都睡在葛罗莉亚身边，母子隔离的"育婴室"早在21世纪初就从挪威彻底消失了。全面推行"母婴同室"的目的，正是让我们这类新手父母及早熟悉育儿琐务。在那三天中，我们的确苦不堪言，葛罗莉亚尤其疲惫不堪，多数时候我们皆处于束手无策的状态，频

第一章 新生：顺其自然

频拉铃请求护士前来协助。幸好挪威"母婴同室"的制度已相当成熟，经验丰富的护士轮番上阵，有效地将我们从手忙脚乱的状况中解救出来。事后回忆，葛罗莉亚和我若非一夕之间几乎以在速成班的方式学习照护新生儿，缩短了日后自我摸索的时间，那么出院后，辛苦的可能就是娜拉了。

至今我对其中一名护士严厉的面容仍旧记忆犹新。当我和葛罗莉亚在恢复室里昏昏沉沉地望着彼此，心满意足地陶醉在初为人父、为人母的情绪之中时，这名护士突然推门而入，迅速料理了娜拉的睡床，旋即托付重任似的把娜拉推到我们手上，以不带同情的口吻对我们说："从现在开始，你们不要以为生下小孩就可以休息、松懈、去度假了，直到她15岁之前（为何是15岁，容后再叙），你们都会有忙不完的事。"丢下这句话她就转身离开了。

挪威有完善的育儿福利[1]，新生儿不仅享有出生补助和每月生活津贴，医疗就诊费用也全数由国家埋单。但这个国家也要求父母负绝对的责任。挪威父母亲力亲为养育工作，在优渥

---

[1] 挪威的育儿津贴：即每名新生儿所获得的出生补助。以娜拉出生当年汇率计算，折合人民币3万多元。出生后第一个月起，每月领取的育儿津贴近1000元人民币；一岁起，每月补助增至6000多元人民币，直到满两岁为止。

自然养育之道：不一样的挪威教养

的社会福利下，他们未必比其他国家的父母轻松省事，甚至投入的更多。

这是娜拉和我共同经历"挪威化"的第一步。按照挪威人的育儿观念，所有孩子在有能力独立行动与生活之前，都需要父母的照顾和扶持。对于父母和子女来说，其同为一段漫长的学习之旅，且从子女出生那一刻就开始进行了。也许在这个过程中，我们会因为子女的病痛、没缘由地哭闹和无法讲道理，而产生超乎预期的沮丧感，但若非参与甚深，我们又如何探究自己是不是称职的爸爸或妈妈呢？

选择让娜拉在挪威出生，其实也是给我们自己一个机会，即不假他人之手参与她成长过程的所有变化。从"咻咻"的心跳声，到第一次哭喊、第一次微笑、第一次挥舞着小手和我们指头相碰，吃手指、脚趾，随意把抓到手边的东西塞入嘴中，甚至几度疏忽大意让她摔落床下，借由这些经验累积，我们也发现了自己和娜拉之间有了更紧密的联系。只是，尽管我们熟知所有照护新生儿的原则和方法，我们还是认为抚育子女实在是件棘手困难的事。

自那年夏天起，因为照顾娜拉，葛罗莉亚和我没有睡过

第一章 新生：顺其自然

一夜好觉。夜半时分，每每于心中呐喊着这一切到底什么时候才会结束时，我就会用恢复室里那位看似严厉、实则用心良苦的护士所说的话来激励自己，幻想着一旦在挪威成功地伴随女儿至15岁，就终将雨过天晴，且有机会为娜拉的人生带来意想不到的发展。

2. 常带孩子出去走走

我们也许坚信为子女牺牲个人的社交和休闲，代表了一种无怨无悔的奉献，但父母成天把自己和子女关在家里，此类行为放在挪威社会则被认为有碍彼此的身心健康。

为了确保娜拉在飞机上有足够的尿片替换，且不至于饿肚子，行前我们将所有塞得进"妈妈包"的外出用品全数装入，包括一壶煮沸过、准备冲泡奶粉的热水，以及两个装满开水的奶瓶和她的专用水杯。此外，行李箱里，另有2/3的空间

自然养育之道：不一样的挪威教养

被她的个人换洗衣物占据，折叠式婴儿车则已事先挂牌托运。我们实在难以想象，一个未满周岁的小家伙参与三天两夜的旅行，竟需要如此费事。

根据相法规定，婴儿用水虽然可随身携带上飞机，但必须在机场安检门前接受检查，欧洲多数机场皆有液体检测设备，确定不具危险性后即可放行（仅适用于婴儿用水）。偶尔遇上设备出现故障，安检人员会改为要求我们让娜拉当场亲尝两口，以确保我们没有心怀不轨。乍听之下似乎有些苛刻，但确实也是直接证实眼前几瓶水安全无虞的有效方法。

自从有了娜拉，出门旅行便不再只有放松与享乐。为了她，我们得学会见机行事，随时调整规划好的行程，又或者备妥腹案。拎着一头不受控制的小野兽接受安检，经常让我们多待几分钟，这使得我们外出时必须预留更多的时间来应变。除此之外，最常发生的是，为了寻找适合喂食她的餐厅舍弃了沿途不少知名景点。在娜拉出生之前，我和葛罗莉亚外出旅行时，只有在两腿发酸时才愿意折返饭店休息，如今还要顾及娜拉的生理时钟。于是，就算是计划良久的地中海之旅，每天晚上我们也必须于7点准时回房哄女儿入睡。

第一章　新生：顺其自然

　　我相信很多父母会因为平白多出许多繁重的婴儿照护工作，而对外出过夜的旅行打退堂鼓。尤其婴儿总是会挑大人最无能为力的一刻抛出难题，比如在找不着公共厕所的大街上拉得他们一身大便。与其老是败兴而归，理智上多半会告诉自己不如一开始就打消全家出游的念头。

　　2014年春天，趁着航空公司恰好有便宜机票出售，我和葛罗莉亚决定犒赏自己近一年来为娜拉的辛劳付出，全家一起出游希腊南方的克里特岛。当时娜拉刚满11个月，我们自认对她的日常琐事已驾轻就熟，更何况半年多前，我也曾单枪匹马带着娜拉搭乘长途飞机横跨欧亚。那次经历虽然称不上有趣，却也没有让我从此视之为畏途。从奥斯陆前往克里特岛仅需5小时，应该不是什么难事。

　　我和葛罗莉亚满心期待地浏览着网络上关于克里特岛的旅游简介，先神游一番岛上干尼亚城一处带有威尼斯色彩的港湾，不时幻想着《荷马史诗》中关于克里特岛的神话场景。岛上古老的神殿、房屋和雕塑遗迹残留至今，进一步丰富我们的欧洲见闻。尽管预计停留的时间有限，出发前我们仍兴奋不已，仿佛要展开二度蜜月旅行。我们完全没料到一旁正呼呼大

自然养育之道：不一样的挪威教养

睡的"拖油瓶"，会为这段旅程增添那么多意外的惊喜。

事后翻看这趟短期旅行中拍下的留念照片，才觉果真不虚此行。南欧绮丽多变的人文景致，和北欧寒带地区的清冷萧瑟大异其趣。地中海悠悠海风、煦煦温情，让久居斯堪的纳维亚，几乎忘却白浪、沙滩的我们宛若重温故里。尤其岛上那些留有诸多历史线索的断壁残垣，别具引人冥思的破败感。因着地利之便，5小时的飞机航程，便把我们从北欧文明拖入一条古希腊的时光隧道。

当然，深刻烙印在我们脑海里的，不会只有恬美的一面。拜娜拉同游之赐，我们在飞机上为她不按常理出牌的急奔乱窜，频频向同机旅客致歉。一时疏忽，未注意机舱内的压力变化，顺手转开奶瓶盖，从奶嘴口喷出的一道水柱，居然直接溅洒在前方座位上坐着的老太太身上。第一天晚上，要睡觉的娜拉早早就耐不住性子，我们被迫狼吞虎咽地结束一顿地道的地中海风味晚餐，连饭后甜点都免了。旅馆房间望向海滨的窗台，几天中一直挂满娜拉一路不断换洗的衣裤和围兜。花花绿绿的小衫，比起门前旗杆上的万国旗毫不逊色。早餐时刻，香味四溢的咖啡端上桌，我们正喝着咖啡、眺望远方海

第一章　新生：顺其自然

天一色而面露满足之际，原本熟睡中的娜拉挑准这个时机突然跃起。紧接而来的，就是一阵咿咿呀呀、忽上忽下的瞎搅和。

在上百张克里特岛之旅的相片档案中，有一张是娜拉状似累瘫了趴在餐厅桌上的独照，也许这趟旅行，对于她来说也不见得是件轻松的差事。以她的年纪，任何美景佳肴应该都还不足以构成任何意义。她之所以有时会"呵呵"笑个不停，纯粹是被我和葛罗莉亚刻意逗乐的。她当然完全没有察觉到几天下来她的父母因为严重睡眠不足而浮肿的眼袋，或者因为她不合时宜的哭闹，几度抱着她尴尬地迅速逃离现场。有些时候，比起欣赏眼前巍巍如斯的希腊神殿，我觉得娜拉似乎更乐于把父母整得七荤八素。

离开恢复室时，娜拉的体重还不到3000克，身体轻巧到我单只手臂就可供其伏卧。为了这丁点儿大的小家伙，我们却得大张旗鼓地挪动家中摆设，腾出婴儿床的位置。娜拉肤质特别敏感，所以还得移走客厅地板上可能诱发她过敏的亚麻地毯，每周定期更换床单、被套，另外添购五斗柜、尿布台、婴儿车和汽车安全座椅，收起客厅多余的沙发座，并摆上一组摇篮。各方好友赠送的幼儿玩具突然堆得满屋都是，先前清爽简

自然养育之道：不一样的挪威教养

约的居家环境，竟摇身一变成了一间小型儿童乐园。

我们也重新组织了原有的生活节奏：告别巷口的法式咖啡馆，牺牲夜晚睡眠，尽可能地婉谢当地朋友邀约的饭局，不再奢求二人世界的烛光晚餐，而路口那家电影院也变得越来越事不关己而近乎遥不可及。

我们身处奥斯陆市中心的繁华地带，有段时间却恍如与世隔绝。我们把所有的精神和注意力都聚集在眼前的小生命身上，以一种夫妻相处多年却不曾给过彼此的耐心和包容力照顾娜拉。按照护理师的指示，为了让娜拉的体重赶上正常标准，满月之前，我们一直维持着三小时一次的喂食频率。夜以继日，不知疲倦，加上新手父母生涩的养育技能，当时投入的心血，必然比事后回想的有过之而无不及。

娜拉出生当天恰巧是那一年的夏至。挪威的夏天，就像是上帝的恩典，所有人都会趁着难能可贵的阳光明媚，尽情投入户外活动。我们为了育儿却只能埋头苦干，整日与娜拉为伍，这小女孩已在不知不觉间彻底占据了我们的分分秒秒。因此，我们有了数月后的克里特岛之行。

挪威父母照顾子女不假他人之手，是当地社会的常态；

第一章　新生：顺其自然

不过，像我们这般一举压缩自我的生活方式，其实很少见。地方卫生中心负责追踪记录娜拉成长的护理人员，多次鼓励我们常带娜拉出门走走。我们或多或少地受困于婴儿才几个月大不适合到室外的心理障碍，一直未付诸行动。

我们也许坚信为子女牺牲个人的社交和休闲，代表了一种无怨无悔的奉献，但父母成天把自己和子女关在家里，此类行为放在挪威社会则被认为有碍彼此的身心健康。这解释了为何挪威街上随处可见父母推着婴儿车出门散步的画面。家中的新成员也许拖慢了生活的脚步，但挪威父母可未曾想过接下来就得过着深居简出的生活。

公园里躺在婴儿车里的婴儿有些尚未满月，待婴儿稍大一点儿，家长还可能更换为推着单手驾驭、专为慢跑用的婴儿推车上街。又或者在胸前系上婴儿背带，让子女吊挂在父母的胸前，一起走出家门认识外面的世界。挪威人酷爱野外活动，于是很多家长十分擅长将数月大的子女扛在肩上横越山林。

不过，我相信挪威人带着婴儿旅游，不光是考虑小孩的需求，背后的用意和动机，应该是要尽可能保留原本的生活步

自然养育之道：不一样的挪威教养

调。好让新生命出现后，家长在换尿布、洗奶瓶、喂母乳这类索然无味的例行公事之余，能够有自己的休闲生活。这同时是一种双向适应的过程，父母为了迁就小孩，生活习惯必然得改变。但小婴儿其实也有基本的学习能力，可以自我调整并适应与大人的互动。

第一章　新生：顺其自然

当地婴儿用品店里，除了琳琅满目的小鞋子、小衣服，我们还发现另有不少亲子共享的专业登山、健行装备。尽管有些确实是为了应付子女稍大之后的外出用具，但自小孩出生的那一刻起，无从将小孩托付他人的挪威父母，为了让自己有机会从没日没夜的育儿琐事中抽离出来，多半会发掘出在任何情况下都能偕同子女一起出游的能力。

为了不辜负稍纵即逝的挪威夏天，在娜拉满月后，焦头烂额的我们开始大胆地仿效挪威人的育儿模式。每天午后天气稍凉时刻，就推着她出门兜风。刚开始的确有些惴惴不安，担心住家附近的石砖路过于颠簸、娜拉幼小的身躯不能抵御凉风吹袭、阳光太过刺眼，再加上路上人车来来往往，难保不会造成她内心莫名恐惧。直到发现周遭也有为数不少、年龄相仿的婴儿，才相信我们并非一对胆大妄为的父母。当然，得益于设计得当的婴儿推车和一些婴儿外出的基本常识，我们的行为尚在合理范围内。

满周岁后的娜拉，更加活泼好动，不但无惧于与陌生人接触，投入新环境时也少有不安。我们无法确定，这是否和娜拉离开医院恢复室后，便经常"抛头露面"有关，或许这个阶

自然养育之道：不一样的挪威教养

段的小孩多数反应正是如此。我们隐约发现，尽管过去这段时间我们可谓朝夕共处，但也许是受到好奇心的驱使，娜拉其实并不特别黏着父母。或许这对她未来独立性格的养成，会是有意义的开始。

趁着暑假，家人千里迢迢远赴挪威和我们团聚。在一趟经典的峡湾之旅中，娜拉又一次和我同行。途中为了照顾娜拉，我像只八爪章鱼般地忙进忙出、顾上顾下。再加上这段旅程需搭乘火车、转坐巴士再换接驳渡轮，为了不破坏家人的游兴，我甚少劳烦他们协助照料娜拉。不过，也确实没那个必要。有先前十多个月的育儿训练，我并不觉得娜拉让我此行格外操劳。我依然享受了一段绝世美景盛宴，随着一列火车飞驰穿梭在巧夺天工的林间山谷，我也感觉不虚此行。

之后，我们尽管没有刻意安排娜拉和我们一起出游，但也不会将这件事当作一件唯恐避之不及的任务。或许，我应该庆幸她是在挪威出生，让我有机会师法挪威人，不必因为子女的出生就被迫失去原有的生活。尽管她日日夜夜和我们紧密相依，但举凡应有的娱乐、休闲和旅游，我们仍适时地维持原有频率，所以到头来其实也没有错过太多。

第一章　新生：顺其自然

一个偶然的机会，我读到一段已故法国人类学大师列维·施特劳斯写下的文字，他说："社会生活是外加于人的一种不停周游，而家庭生活则不外是人有需要在十字路口放慢脚步和歇一歇的表现。但归根结底，他得到的命令是继续前进。"当时我被这段文字吸引，如今虽然还是不敢确定大师这句话背后真正蕴藏的内涵，但娜拉出生后，这段话之于我，已足具深意。我相信"继续前进"的意思，不会只是鼓励我们带着小孩继续游山玩水这么简单。

日后待娜拉长大成人，而我和葛罗莉亚双双呈老态龙钟之时，也不愿见到她因为顾虑我们人老力衰，而限制自己可能的行动范围，而不自觉地局限了可贵人生的视野。她本应尽情追求自我，丰满自己的羽翼。当年我们一起四海周游，不过视她为同行伴侣，并没有受她拖累。而她也将凭借自己的本事，朝更多我们未曾造访的地方飞去。我们得到的指令，都会是"继续前进"。

3. 早早上幼儿园真的有那么可怕吗?

　　婴儿时期安全感的营造，并非仅从父母方面产生，而是经由多种渠道逐步建构而成的。

　　这时上幼儿园，娜拉的年纪会不会太小？我们甚至还没教会她做任何事情。直到现在，她每顿饭仍旧吃得一塌糊涂，还要全天候包着尿片，更无法根据情境判断当下的危险性。她曾三次摔下床，走路时也常因脚步不稳跌得鼻青脸肿。有时她会在餐桌下调皮捣蛋、四处乱窜，几度撞出满头包。还曾钻进滚筒式洗衣机，把妈妈的牙刷丢入马桶，弄乱衣柜，吸吮粘着污垢的鞋带。她总趁我们不注意时，机灵地攀爬上家中的壁炉，搞得灰头土脸，满屋子都是她的黑色小手印。十多个月来，娜拉无时无刻不为这个家制造惊喜。以她这难以受控制的年纪，贸然将她送往幼儿园，合适吗？

　　我和葛罗莉亚望着在客厅沙发爬上爬下的娜拉，尽管我

第一章 新生:顺其自然

们知道挪威小孩的常态教育,是在小孩一岁左右就开始接触幼儿园里的群体生活,但还是无法断然做出决定。我们家附近至少有五所幼儿园可供申请,我们一一详阅了它们在网站上发布的环境介绍、师资组成和园区教学内容。简介条理分明,我和葛罗莉亚的脑子却仍旧一片空白,始终拿不定主意。

一来,我们无法得知这些幼儿园是否如同自我标榜的那般美好。更让人犹豫不定的是,谁能预知眼前这个小家伙白天时间一旦投入陌生环境,在没有父母的陪伴下,她将摇身一变成为什么模样?是否会让园区老师头痛不已?或者因此害怕而每天晚上睡觉都会做噩梦?

挪威父母总计享有49周的育儿假[1],意味着父母可轮流在家照料小孩直到子女满周岁左右。但接下来就得面临何处托婴的问题。通常这个时候,尚在牙牙学语且刚开始学步的幼儿,便会被送往住家附近的幼儿园待上一整天。之后夫妻双双重返职场,从此过着每天接送小孩上下学的生活。

事实上不用等到小孩满周岁,依据挪威幼教法规,新生儿10个月大起即有资格申请进入公立幼儿园。挪威少有"价

---

[1] 原本挪威育儿假为47周,其中母亲有35周、父亲有12周。在2013年7月1日的立法修正中将父亲的育儿假延长至14周,父母总计享有49周的育儿假。

自然养育之道：不一样的挪威教养

格合宜"的保姆，很少家庭会愿意负担远超过就读幼儿园所需支付的费用。加之祖父母辈甚少插手隔代教养的杂务琐事，爷爷、奶奶顶多愿意在周末假日拨出空闲时间陪陪孙子。因此，由政府出面扮演代理父母的角色，广设幼儿园，让10个月大的小孩于白天得到妥善的照顾，在小家庭居多的挪威社会，确实能解决现实的托婴问题。

根据我们的了解，多数挪威幼儿园都能维持良好的师生比例，通常一名专职老师或者照护员只需负责照顾四名三岁以下的孩子。一个班级人数极少会超过15人。小班制除了让每一个小朋友都能分享到更多的教学资源之外，主要用意还包括不希望那些成天和小孩共处的老师身心过度疲劳，影响看护质量。

老师们在幼童人数合理分配的情况下，也能有充裕的时间和精力悉心照料每个孩子。实际的情况则是，在挪威无为而治、活泼开明的师生互动模式下，老师们会领着叽叽喳喳的小萝卜头们在教室外东奔西跑，恣情地在园区里玩耍娱乐。他们并非想象中的紧紧地盯着小朋友，对每位小朋友寸步不离。幼儿园老师更像是动物园的管理员，只要眼前没有发生危险的可能，就任你自由发挥。

第一章 新生：顺其自然

至于娜拉，以她的年纪，还需要大人帮忙清理大小便，我们从不奢望老师们会如我和葛罗莉亚一般替她勤换尿片。尤其是喂食三餐，娜拉从小就让人头痛不已，配合度非常差，我们经常被她吃东西时的拗脾气惹得火冒三丈。每餐用毕，餐桌有如台风过境，还得替她收拾残局。挪威老师再怎么修养过人，将孩子视如己出，我想也不该奢求他们有超凡入圣的包容力和耐心。总之，我们相当怀疑娜拉在幼儿园里能得到妥善的

自然养育之道：不一样的挪威教养

照料。或者，我们也生怕习惯不佳的她，只会为幼儿园平添太多的麻烦。

又听闻谁家小孩曾在幼儿园里捡拾沙子、小石块，随手放入口中却无人察觉；或者出门前一切如常，半天过后，竟然带着莫名的累累伤痕回家；原本细嫩的臀部肌肤，因为尿片更换频率太少而长满疹子。诸如此类层出不穷的案例，使想象中的幼儿园像是瞬间成了一座年久失修、危机四伏的游乐场。光是想象娜拉可能得到的待遇，一股天下父母心的疼惜和不舍便油然而生。这使我们愈加举棋不定，认为各家幼儿园在网站上对外宣传的教学环境，只是华而不实的招生广告说辞。

早期挪威的育儿观念，也许与我们印象中的认知较为吻合。那个年代他们强调的是幼儿时期所需的安全感，不鼓励父母太早将小孩推向自主独立的环境。再加上当时认为一个小

第一章 新生：顺其自然

孩的性格养成，与婴儿时期父母有没有给予足够的安全感息息相关。如果小孩在周岁之前和父母分开过久，将会给他们带来焦虑和恐慌，甚至有碍他们日后人格、自尊的发展。因此，的确最好不要挑战幼儿对安全感需求的必要性。

挪威国家婴幼儿及儿童心理健康能力网络组织（National Competence Network for infants and small children mental health）资深研究员史密斯（Lars Smith）曾提出一份报告，当中记载了罗马尼亚海外孤儿的身心发展状况。1989年罗马尼亚内乱动荡之际，许多家庭破碎，国内出现大批孤儿，焦头烂额的政府在提供照护资源上又无能为力，不少还不到6个月大的婴儿，纷纷被送往海外的西欧家庭寄宿。紧接着又有一批年纪稍长的孤儿被安置在国外。根据研究人员后来的调查，发现较早被送走的孤儿，长大后在个人情绪控制和自主管理能力上，表现皆略逊于稍晚被送走的孤儿。此即说明小孩离开父母怀抱的时间和个人能力养成似乎有着因果关联。

新生儿往往自出生六个月起，和父母之间的情感联结便开始出现具体意义，尤其渐渐地懂得依恋自己的父母。满周岁之后，联结的质量将持续稳定提升。部分挪威幼教专家就是根

自然养育之道：不一样的挪威教养

据这份罗马尼亚孤儿案例，呼吁家长不要让自己的子女太早地投入一个没有父母在场的陌生环境。因为对于小孩来说，那里没有任何正面的帮助。

但经过后来的一些辩论，社会主流声音渐渐又倾向为：这种认为将年幼子女送往没有父母随侍在侧的场所（前提为安全的地方，如幼儿园）会损害幼童安全感的想法，纯粹是父母自己的臆想和因为没有办法亲自照顾子女所衍生出的内疚和罪恶感作祟。实际情况是，婴儿时期安全感的营造，并非仅从父母方面产生，而是经由多种渠道逐步建构而成的。至少没有任何科学研究结论能够证明，父母和子女朝夕相处，时时刻刻对着小孩亲吻、拥抱，就能给予他们充分的勇气和自信。这几年在挪威生活，我发现当地育儿专家多已采纳新观念，认为父母没有必要过度放大自己和子女之间的联结。给予爱是应当的，无条件细心呵护是必然的，亲力亲为、牺牲睡眠，投入绝大多数时间和精力于教养工作，也是出于父母应承担的责任。然而父母有时保护小孩热切过头，圈限了他们的可能性，反而可能导致负面效果。过于强调孩子的安全感由父母所赋予，过度干预的后果可能会抹杀孩子原有的气质和个性。

第一章 新生：顺其自然

实情也确实如此。经历怀孕、生产以及前几个月和新生儿之间的磨合，我们不得不承认，通常情况下，葛罗莉亚和我以为必须给予小孩的安全感，是一种揣测、猜想后的反射行为，而非小孩真正处于什么样的危殆状态。就像不少新手父母普遍把小孩当成很脆弱的人类一样，不自觉地使得"安全感"的解释变得狭隘，且缺乏实质作用。

我曾在挪威报纸上读到一篇文章，文中颇具权威的挪威教育专家乌勒方（Stein Erik Ulvund）便严厉指责这一类认为子女安全感的塑造非自己不可的父母，是患了"从属型癔症"

自然养育之道：不一样的挪威教养

（affiliation hysteria）。虽然我不甚理解其症状表征，但我知道那绝对不是赞美的词汇。

也许是因为终于有了娜拉，我和葛罗莉亚极其珍视和她共处的分分秒秒，总觉得这不过数十厘米长的小生命，少了我们相伴，会慌张得不知所措。当我们推着她到卫生中心（Helsestasjonen）登记成长记录时，里面的护理人员偶尔会不经意地问我们："娜拉开始上幼儿园了吗？"，"是不是已经自己睡一张床？如果能为她准备一个独立房间，那就再好不过了"。言谈中，我们很清楚护士十分鼓励我们即刻起就送娜拉上学，以及晚上睡觉时，不妨将娜拉放到她自己的房间里。那时娜拉才将满周岁。

好友之中，戴维是上小学后才随父母从中国台湾移民到挪威的新住民二代。他个人挪威化的程度几乎已深入骨髓，思维逻辑俨然彻头彻尾被改造成挪威式的标准作业程序。当初他和太太双双请足了育儿假，亲力亲为料理儿子塞巴思汀周岁前的起居生活。其间全家曾一同到美国纽约、德国汉堡旅行和返台度假，并时不时地游历挪威的大小乡镇。塞巴思汀10个月左右时，如愿进入了幼儿园，由父母轮流接送。1岁开

第一章　新生：顺其自然

始就和父母分房睡。在我们思考究竟要不要为娜拉申请幼儿园时，塞巴思汀已是近5岁大的小男生。有一回我到戴维家中做客，塞巴思汀邀请我和他一起堆组乐高积木。我借机从一旁观察，想知道这位采取挪威教养方式长大的5岁男孩，行为举止是否会有任何"异状"。但后来我发现，除了我俩之间的语言沟通障碍外，并不觉得他有什么反常的地方。

虽然我的观察不具儿童行为专家的眼光，但我也因此重新思考，在顾虑娜拉能否接受挪威人的幼儿教养方式时，是否也掉入了唯有父母可给其安全感的迷思中。塞巴思汀10个月大就上幼儿园了，戴维和太太的职场生活照旧如常。1岁起塞巴思汀夜夜独室而眠，戴维夫妻每天也因此得以恢复充足的体力。那正是我所希望的。整日为娜拉的一举手、一投足提心吊胆，对彼此而言，或多或少都造成了无谓的压力和羁绊。她应当也有能力过得像个普通挪威小孩，毕竟只不过是送她去幼儿园，又不是送她上战场。

自然养育之道：不一样的挪威教养

经由卫生中心专业幼教人员的说明，我们渐渐理解了，当娜拉发现父母不在身边，有时会显得局促不安，这其实是任何接近 1 岁的小孩的正常反应。这个阶段小孩对父母的依赖开始出现清楚意识，但分离焦虑并不代表小孩就会失去安全感。只要有同等、能让他觉得自在的人出现，他就不会感到害怕，如幼儿园里的老师。幼儿这方面能够自我调适的天性能力，也让父母偶尔可以与他们暂时分离一阵子。而孩子也能在这段时间经过自我磨炼，变得更加自信、坚强。

我们填写好娜拉的出生年月日、自家住址、父母姓名，

第一章 新生：顺其自然

挑选了几家临近住家且各具特色的挪威幼儿园，随后寄出申请信，接着满怀期待地等候回音。我们总算突破了小孩还小、不适合离开父母太久的心理障碍。而这很可能是她正式迈向挪威化之路的第一步。尽管第一次申请时因为各校学员人数已满额而被打了回票，但至少已排上候补名单。

我们期待着看到不过一岁多的娜拉，能在幼儿园的游戏沙堆里玩得浑身脏兮兮的，却没有哭喊着要找爸爸妈妈，并且逐步建立起父母之外的人际联结。对方也许是老师，也许是同样年纪或者年龄稍大的小朋友。与此同时，我们也着手准备清理阁楼，腾出一个小房间，里面将摆上一张娜拉专用的小床，单独就寝即是下一阶段的训练。

我们爱她毋庸置疑，愿意为她调整作息时间、牺牲睡眠，轻松自在的二人世界不复以往也在所不惜。我们也相信，她不会永远非黏着我们不可。10个月大把她送进幼儿园，1岁起她拥有自己的房间，无论对她还是对我们，应该都会是个有趣的尝试。

4. 反复生病是成长过程的必经之苦

挪威人坚信，小孩的免疫系统经过反复生病、发热侵袭的过程中自我培养抗体，那是成长过程中的必经之苦。

从宜兰返回台北的途中，我们遇上了堵车高峰，望着眼前从雪山隧道一路回堵数公里长的车阵，所有的车子几乎都处在动弹不得、进退两难的窘境，我们为此深感焦躁不安，因为我们有重要事情必须立刻赶回台北。

这是我们全家自娜拉出生后第一次回台湾，5个月的她，也许是经不起长途跋涉、舟车劳顿，头两天在我们拜访亲友时，她的身体便陆续出现异状。她的眼眶周围渐渐泛红，且显得格外虚弱疲累，完全不像之前在飞机上那样活蹦乱跳。如今只见她静悄悄地倚靠在汽车安全座椅上，有气无力地望着车窗外久未变化的景致，恹恹缩缩，既困且倦，但又不哭、不闹，

第一章 新生：顺其自然

也不睡觉，间或流淌出浓稠的鼻涕和发出几声干咳。起初我们以为只是空气环境变化，导致小婴儿身体不适应，直到娜拉全身高热，才察觉是感冒症状。

抵达台北已是数小时之后，我们急奔医院急诊室，医护人员按照标准诊疗程序，为娜拉称体重、量体温，同时抽血确认是否为病毒感染。接着由护士用针筒喂食了一剂退热药，临走前还领取了三日份的鼻炎药水和咳嗽糖浆。我和葛罗莉亚原本悬着的心才稍事平静。没过几天，娜拉再一次上演同样的剧情。直到两周后结束旅程，抵返奥斯陆，她的鼻子上依旧挂着两道鼻涕。

平常为了料理小家伙的吃喝拉撒睡，我们已因个人经验不足而焦头烂额，甚至几度束手无策，感冒发热时的娜拉，又陡增旁人照护的困难。医生开药治疗，也许能有效减轻她不舒服的感觉，但身为父母，我们的心始终随着她时而缓降、时而增高的体温而七上八下。

娜拉出生之后，我们一直担心她体质欠佳，2600多克的体重，得奋起直追才能达到同龄小孩的平均值。"斤斤计较"新生儿的体重，有时不只是为了满足父母日夜喂养的成就感，它还是科学上健康指标的衡量依据。过去5个多月来，参照世

自然养育之道：不一样的挪威教养

界卫生组织制定的幼儿成长曲线表，娜拉总是落在中间值之下的红黄线间，曲线甚至一度下滑，几乎让人一筹莫展。结果汲汲营营为娜拉增重不成，我和葛罗莉亚的体重倒是又掉了几公斤。

不过，体重偏轻的问题，也许尚不足以让我们惊慌失措。回溯娜拉刚出生的时刻，我和葛罗莉亚就被真正吓坏过一回。住在恢复室期间，医院安排了一项例行检测，以确认新生儿的听力是否正常。我记得那天是由一位年纪稍长的护士为娜拉进行测试，她一边嚼着口香糖，同时技巧熟练地操作仪器，没有任何反抗能力的娜拉只能任凭其摆布。我和葛罗莉亚完全没有料想到，恢复室经过几分钟的静默之后，耳边听到的第一句话竟是："嗯，测不到听觉反应。"对比护士一副若无其事的模样，我和葛罗莉亚则是瞠目结舌，简直要当场昏厥了。

住在我们家隔壁、年约1岁的奥斯蒂就是个先天听障儿。虽然她的身形外貌和一般挪威小孩没有任何差异，且食欲奇佳，甚至长得比同年龄小孩都高壮，但是她的耳朵和头部两侧得全天候挂着助听器。她不能选择附近的普通幼儿园就读，得到特殊学校，由特教老师负责引导她在听觉失调的情况下学习

第一章 新生：顺其自然

口语表达（听力失常直接影响幼儿口语能力），还必须兼以专业手势，协助她逐一辨识旁人的信息。

奥斯蒂的妈妈是位律师，爸爸在软件公司任职，他们家属于标准的经济条件良好的挪威家庭。但有很长一段时间我们不难发觉奥斯蒂的父母成天闷闷不乐，和邻居互动冷淡，偶尔和我们在家门口擦身而过，他们的反应通常只是点头示意后就闪身步入家门，甚少留下片刻让我们有机会逗弄一下有着两颗碧绿色眼珠的奥斯蒂。事后我们得知，奥斯蒂的妈妈有一阵甚至还得求助东方的针灸疗法，以改善因照顾女儿导致的忧郁难眠状况。

当护士告诉我们，仪器测不到娜拉的听觉反应时，我们完全不敢置信，立刻要求她换个机器重新检查一次。她答应隔天再检查，结果还是让我们失望不已。我想，我或许可以理解了，奥斯蒂的母亲过去这一年多来，为什么尽管不是全无笑容，态度亦尚称和蔼可亲，但脸部肌肉线条总透着一股浅浅的忧愁。又，为什么奥斯蒂的爸爸直到奥斯蒂满3岁的生日时，才首次邀请我们去参加他女儿的生日派对。尽管两家大门相距不到3米，过去大半年我们几乎没有任何交流。直到戴着助听

自然养育之道：不一样的挪威教养

器的奥斯蒂逐渐能像其他小孩一般和旁人互动，她的爸爸才终于敞开心扉结交我们这家新朋友。

他们当初应该也如我和葛罗莉亚一般受到沉重打击吧。听觉障碍程度虽然有高有低，但无论轻重，这些孩子未来的学习过程，势必要比常人面对更多挑战。尤其在成长路上，他们得接受许多因为听觉受阻，而必须额外加强的语言和理解能力训练，将比拥有正常听力的孩子多走几条辛苦路。除此种种，所有新生儿为一个家庭带来的每一件麻烦事，身为他们的父母也全都免除不了。双重压力下，我相信少有父母能轻松以对、应付自如。

父母把小孩视为不堪一击的脆弱个体，这种心态或许不甚健康，但身为家长，当发现初生婴儿有任何异常时，应该都很难抑制内心的难过和紧张。尤其很多先天缺陷，不会只是一时一刻的麻烦，它很可能纠缠自己的孩子直到终老。几分钟听力测试得出的结果，让我和葛罗莉亚除了面面相觑外，还一路遥想至娜拉往后数十年可能的处境。

所幸，1个月后的复诊，证实娜拉当时耳朵只是被母亲的羊水暂时堵塞。待娜拉稍大之后，即使只是很小的关门声，

第一章　新生：顺其自然

都能轻易惊醒熟睡中的她。这或许又是另一种困扰，但我们宁可她以此折腾我们。那一段产后之初的插曲，使我们第一次体会到父母对子女的健康无能为力时，原来是如此让人沮丧。

往后每天接受我们的喂食计划，娜拉尽管体重增长幅度有限，总算日渐长大。卫生中心的护士安慰我们说，只要娜拉的日常作息、活动力没有问题，哪怕体重增长迟缓，也不必太在意。只是，平静无波的日子并没有持续多久。从5个月大开始，娜拉便很容易感冒、发炎、流鼻涕。一旦喉咙发炎，便是整夜咳个不停。流鼻涕的问题更加恼人，躺卧时倒流的鼻涕经常将她呛醒，然后就是一阵凄惨哭号。又或者我们当时并不知道她也可能是肠胃不舒服，所以在床上翻来覆去，以致全家大小通通彻夜难眠。

孩子因为身体不适而眼泪汪汪的双眼，比起世界上任何一种威权命令，都令父母折服。每次她生病感冒，我们总是依循那次回台湾的经验立即送医，为其预约家庭医师。若是半夜出了状况，得起身火速打点娜拉的外出随身用品，驱车至最近的急诊室求医。但得到和在台湾完全不一样的待遇。挪威医生

自然养育之道：不一样的挪威教养

慢条斯理地简单问诊、量过体温后，永远只给我们一个答案："都是正常现象，回家让小孩多休息就好。"

我们也曾在家庭医师的诊室让娜拉接受抽血测试，就算确定是某个病毒引起的感冒，家庭医生也只会淡淡地告诉我们，挪威没有对抗这类病毒的药品，只能靠小孩自己产生抗体克服病痛。医生当然还是会提醒我们注意小孩的变化和反应，但除非发热超过39℃，且连续高烧超过三天，才让我们为她安排复诊。同样的情形，也发生在急诊室里。有好几次，我们风驰电掣地将半夜里又是咳嗽、又是鼻涕倒流、又是呕吐的娜拉送至夜间急诊室。但每次皆是空手而回，医生从未开过止咳糖浆、鼻炎药水或是退热药等。我们经常一脸狐疑地想，事情真的是"几天后就会自然痊愈"这么简单吗？

"正常现象""没什么大问题""没必要吃药""过一段时间自己就会好"。有两三个月的时间，为了娜拉，我们数次奔波于诊所、急诊室，一来懊恼自己没有把她照顾好，二来对挪威医师消极治疗的态度则略有不谅解。以为成为"常客"之后，他们至少会对娜拉的病情多一分重视。但话说回来，挪威医师确实对待任何新生儿都一视同仁，只有在极少数特殊情况

第一章 新生：顺其自然

下，才会开药给幼儿服用。如，友人两岁大的小孩在幼儿园感染了令人上吐下泻的诺如病毒（Norovirus），医生便未置之不理，而是立刻开出适量的抗生素应急。

挪威人坚信，小孩的免疫系统需在反复生病、发热侵袭的过程中自我培养抗体，那是成长过程中的必经之苦。所获得的报偿就是孩子的免疫力日益提升，其在对付未来的感冒时，比任何暂时减缓不适的药物更为彻底有效。日后，娜拉纵然还是偶尔会流鼻涕或咳嗽，但恢复期却一天比一天缩短。挪威医院节制用药，除了避免医疗资源浪费外，同时也是在帮助一名新生儿通过自己身体的抵御功能与外在的环境进行周旋和抗争。

对于久居挪威的小孩，这样的经历和经验似乎被认为有其必要。5个月大的娜拉第一次受到病毒攻击，开始出现发热、流鼻涕的现象，而后渐渐培养自己的抵抗力。如此一来，10个月大时申请进幼儿园，在她和其他小孩近距离接触前，说不定她的身体已带着某种程度的保护机制，足以抵御幼儿园里新一波的病菌威胁。

毋庸置疑，所有送小孩上幼儿园的父母，头一年皆是心力交瘁，三天两头就得陪着小孩与病魔搏斗，这是挪威政府给

自然养育之道：不一样的挪威教养

予父母一年12天家庭照护假的原因（父母双方育有一名12岁以下的儿童，一年可有12天照护假；有两个以上小孩，照护假最多增至30天）。小孩的抵抗力越好，上学的日子就越轻松，父母也不必动辄就请假在家照料病童。挪威医师当时坚持不开药给娜拉服用，其实有其长远的思虑。

娜拉疑似听力障碍这件事，幸好只是虚惊一场。经常夜奔急诊室的情况，在她9个多月大时也告停了。娜拉其实未必如此体弱多病，又或者是我们太习惯生病就该吃药打针的逻辑，直到拜挪威经验所赐，受当地医疗观念影响，而被迫改变了固有的观念。让挪威医师为你的小孩写下处方笺，就算是拿着枪抵住他的头，对方也不太愿意照办。的确，明明多喝开水、多休息就可恢复元气的生理机制，又何须让过多的化学药品介入，平白减损了小小人类的自我复原本能。

此外，卫生中心的护士在得知我们这对精神紧张的父母经常替娜拉挂号急诊时，考虑到我们的身心状况，善意地提醒我们：育儿杂务在所难免，如果疲惫到难以样样兼顾，那就由它去吧。言下之意，养儿育女毕竟没有标准答案，但首要的工作是，父母先要妥善照顾好自己。

第一章　新生：顺其自然

第二章

幼儿园：尽情玩吧

5. 专注玩乐是个人创造力的源泉

当小孩只专注于眼前的玩乐时，往往会不由自主地展现出个人的独特意志，并且无所设限、自由自在地将它表达出来，这是日后个人创造力的源泉。

娜拉出生之后，我和葛罗莉亚在当地的社交活动有了一些微妙的变化。我们还是偶尔会和之前的老朋友聚会，地点可能是某位友人的单身公寓、阿克码头（Aker Brygge）沿路任一家时髦酒吧、卡尔·约翰大道（Karl Johans Gate Street）上的星期五餐厅、索里区（Solli）远近驰名的寿司店，或者是国会大厦旁物美价廉的丹麦牛排馆。但因为现在无论到哪

自然养育之道：不一样的挪威教养

里娜拉都紧紧相随，我们多数时候会因顾及这位大小姐久坐不住、频频发出尖锐的叫声而提早离席。

如今，位于奥斯陆城东山坡上的一家大型儿童室内游乐场，可能更让我们感到自在、没有负担。娜拉可以在里面尽情奔跑、大吼大叫。现场完善的安全设施，让我们成天紧绷的心大为放松，我们甚至可以坐在数米外的沙发区看着娜拉，不必再全程紧紧地盯着她。

除此之外，我们推着婴儿车出没公园的频率越来越高，在湖畔、溪边逗留的时间也越来越久。友人间聚会的性质逐步移转至小孩的庆生派对上。桌上的葡萄酒换成了姜汁汽水，五分熟的牛排则被热狗取代。收起银制的刀叉，转而拿出五颜六色的塑料叉子和汤匙。以往穿着优雅高贵的宾客，也改为穿上牛仔裤、球鞋和样式朴素的衬衫、T恤，以契合眼前满室气球和彩带营造出的童稚气氛。

娜拉当然最乐在其中了，她终于不必再试图从餐厅里的儿童座椅上挣脱下来，在这专为小孩设置的空间环境中，她无须忍受一对紧张兮兮的父母老是跟在自己屁股后头，并在她浑然忘我的时候出声制止她"时机错误"的玩耍举动。

第二章 幼儿园：尽情玩吧

要求她像个淑女般，静静地端坐在餐厅里陪大人用餐，对于这个年纪的小孩来说，也确实太过为难。她需要的只有玩耍、游戏。又或者所谓的"玩耍""游戏"，仅仅是根据成人行为模式而做出的定义，她可能正借由强烈的好奇心，在探索眼前仍旧充满惊喜的世界。她在游乐园里喜欢到处乱摸乱碰，爬上爬下，和在餐厅里的举止如出一辙。她的行为未必有明显对错之别，只是取决于当时环境的限制程度而已。

20世纪90年代，挪威教育专家开始研究玩耍（游戏）和儿童身心发展的关联性，研究结论证实，玩耍的过程足以反映儿童的生理和心理健康。如果儿童总是正襟危坐、不苟言笑，反而显示他的身心发展有些不妙。尤其当儿童学会走路之后，代表着他们开始懂得从不同角度认识世界。表现于外，就是到处乱跑，并以此和其他人建立更多元的互动关系。同时通过站、坐、走动，控制自己前往某个地方或停留在某处。他们更加懂得寻找玩伴，个人经验变得丰富而多变。外在环境在他们眼里总是充满新鲜感，除了玩具可吸引其目光外，几乎所有的事物都能让他们产生高度兴趣。这也是为什么有些小孩不愿意安分地待在父母为他准备的"安全游戏区"里。

自然养育之道：不一样的挪威教养

妮可的大女儿索菲亚在娜拉出生那年，是个正准备从幼儿园迈入小学阶段的小女孩。一次我们邀请妮可一家到家中做客，以回敬他们将索菲亚婴儿时期成箱的衣物转赠给娜拉。来自台湾的妮可，起初对索菲亚即将上小学却还不认识几个挪威字有些忧心。尤其对于已经5岁大的小朋友，幼儿园老师交给索菲亚的家庭作业，竟然只是要求他们把图画纸上的两片叶子涂满颜色。比如大片的叶子涂成红色，小片的叶子涂成绿色。"这会不会太简单了呀，老师？"妮可当时忍不住问了老师这个问题。毕竟在台湾，同年龄的小孩很可能已学会辨识不少中文和英文，或者能写下1到100的阿拉伯数字。

幼儿园"玩太多""学太少"，一直是挪威外籍（裔）家庭对当地幼教的第一印象。当我们身处其境，按照我的理解和认知，它的情况的确和传言相去不远。5岁上小学前，挪威小朋友在幼儿园里，简直成天玩得不亦乐乎。校园里到处都是游乐设施，到处是各式各样的小火车、洋娃娃和一堆让人摸不着头脑的幼儿玩具。画画课通常是"放牛吃草"，任由拿不稳笔的小朋友们随兴发挥。偶尔应景会学做万圣节糕点或者简易的圣诞节手工品。多数时间是大家一起唱歌、跳舞欢度一整天。

第二章 幼儿园：尽情玩吧

一旦天气放晴，小孩们就立刻被带往室外的幼儿园游戏区，任其撒野似的追逐、跑跳，并来回穿梭在攀岩墙、秋千和滑梯之间。几乎每家幼儿园室外都会有一座小沙堆，你能想象一个小孩在那儿把自己弄得多脏就有多脏。当家长试着了解为什么自己小孩回家后，总是衣服里外、浑身上下沾满泥巴，脱下的鞋子还可以倒出一把沙子时，幼儿园老师的答复通常会是："那表示他今天玩得非常开心。"

为了娜拉，我曾亲自参观一家奥斯陆市的幼儿园。园方老师带着我参观他们的教学环境。教室内，一名4岁大的小男生，获准在洗手台制作肥皂泡沫，有20分钟左右的时间，他径自蹲坐在洗手台前，口含吸管不断间歇吐气，将水槽内的泡泡越吹越多。制作完毕，再自行把水倒掉，这堂课便到此为止。其余的小朋友，有的在折纸飞机，有的在堆积木，有的在帮洋娃娃打理衣服。这就是挪威幼儿园里不折不扣的重要"课程"。

摊开幼儿园的"课表"，一般来说，上午9点到下午1：30，是多数幼儿园规定的"上课时间"。这段时间内，老师会和学生聊天、讲故事，帮助他们用餐以及睡午觉，或者让他们留在室外自由活动。在正式上小学之前，挪威幼儿园其实并

自然养育之道：不一样的挪威教养

不会花心思"教育"挪威小朋友识字和算算术，这些几乎全留待 6 岁上小学之后，才会开始学习。挪威是儿童的天堂，果真毋庸置疑，但我很难没有"自己的小孩可能输在起跑线"的疑虑。

尽管烤姜饼做蛋糕、画着不明所以的涂鸦、剪剪贴贴、无济于事地劳作、成天唱唱跳跳、拿出家庭旅游合照和同学分享是属于这个年纪小孩专有的愉快经历，但难道就不必抽出点儿时间学习识字、练习算术？此外，双语教学不在此刻，更待何时？幼儿时期不正是大脑语言功能区发展的黄金时期？欣赏、练习钢琴、小提琴等对个人音乐细胞的培养，不也应该及早启动？每天将小孩送进幼儿园，其用意难道就只是为了任其玩得浑身是泥？

第二章　幼儿园：尽情玩吧

　　偏偏挪威人正是刻意如此。"玩耍"几乎成了斯堪的纳维亚国家幼教内容的主流观念。但他们对"玩耍"或许另有认知。由四位挪威幼教专家（Hans Holter Solhjell, Amendoor As, Gro Nedberg Grønlid , Guri Bente Hårberg）合著的《玩耍对儿童的重要性》(*Why the Play is Important for Children?*)一书，认为玩耍的意义，不仅在于满足儿童追求快乐的欲望，通过玩耍的过程，还能同时刺激和培养儿童多方面能力的发展，包括语言学习、社交技巧、情绪控制、自我认知、道德感和肢体健康。

　　当我踏进挪威幼儿园时，难免和妮可有着同样的疑虑，为什么小朋友成天都在玩？真正学到的东西会不会太少？当然，这样的疑虑立刻就遭到幼儿园老师的反驳。在挪威幼教体系中，他们是借助玩耍的过程，帮助小孩培养自我创造力。例如小孩有段时间特别喜欢抛和丢掷东西，当他们这么做时，就会得到"破掉"或"反弹"的结果，以此逐一建构个人的逻辑认知，并逐渐懂得将其运用到其他行为之中。老师们并非无所事事，重要的是给予学生机会去解决问题，同时从一旁观察这群小朋友是否在玩乐的同时，也渐渐学习到这个社会的运作规则。

自然养育之道：不一样的挪威教养

此外，来自不同家庭、不同年纪的小孩，他们针对同样一件玩具、游乐设施，通常会有不一样的对待方式。彼此在一起玩，可让同一种游戏产生截然不同的变化和效果。也有可能因为自己在过程中说了什么、做了什么，进而让周遭同伴发出笑声，也可能让人哭泣或引人愤怒，于是他们必须彼此协调出新的游戏规则，规定谁可以做什么，不可以做什么，以促使游戏能够继续进行下去。到后来，他们会自己决定是要跟随其他人的做法，还是要想办法让旁人照着自己的意思做。回家之后，他们还会把当天发生的事情，以自己的认知理解转述给父母听。这就是发生在挪威幼儿园里所谓的"学习"。

换句话说，"游戏""玩耍"在此地也是一种实验。我站在幼儿园室外游戏区一角，默默观察小孩之间的玩耍方式。尽管每一项游乐设施都是大人为他们建造的，但我发现，眼前这些横冲直撞的小孩使用这些游乐设施时，未必是按照我们预想的游戏方式进行的，也未必会遵照大人的期望做出反应。他们看来多是受个人"冲动"和"幼稚的想法"指挥、操控。我频频为他们极具创意的表现啧啧称奇，一旁为我介绍环境的幼儿园老师则告诉我："允许发展个人经验，对于这个年纪的小孩

第二章　幼儿园：尽情玩吧

来说，确实相当重要。"

游戏是小孩体验到乐趣的途径，也是他们借此抒发自由意志的机会。在一个强调独立人格、个人创造力的社会中，即是希望通过具有学习效果的玩耍，诱导出小孩对待事物的主动性和自我操控的能力，或者从中认识必要的自我牺牲，如心不甘、情不愿地和他人分享玩具等。此外，挪威幼儿园里教唱的挪威儿歌内容，也多和这个国家的自然环境息息相关。如冬天老师会教唱形容冬雪的儿歌，夏天则教唱吟咏夏日的歌曲，让他们由此发觉四季的变换。简单的厨房手作，也不全然只是打发时间或纯粹基于简单的趣味。自己动手做点心、蛋糕，本来就是挪威家庭生活重要的一环。他们在幼儿园里接触到的一切，其实都能和自己回家后的生活产生紧密联结。

挪威人并非只把幼儿园当作小孩的游乐场，它也是小孩迈向社会的第一道大门。只不过这个年纪的小孩并不会意识到自己当下从玩乐中"学"到了什么，而是在不自觉的情况下自然"理解了某件事"。过度强调开发智力的大人们，或许很容易忽略这些成长中不易察觉的重要细节。

有一段时间，娜拉在公共场所的行为让我们颇为头痛，

自然养育之道：不一样的挪威教养

因为那绝对不是我们一般认知中的乖巧、懂事和听话的样子。正因为如此担心，所以我们认为必须通过训斥、教导去纠正、约束她的行为表现。但假如换个场景，比如将同样的行为表现移转到挪威的幼儿园里，在老师眼中她很可能成为一名求知欲旺盛的学习者。

　　挪威人将幼儿园里的玩耍经验，称为"自然流动的过程"（flyt），意即当小孩只专注于眼前的玩乐时，往往会不由自主地展现出个人的独特意志，并且无所设限、自由自在地将它表达出来，这是日后个人创造力的源泉。它的重要性，有时并不亚于挖掘小孩子的语言天赋或者音乐潜能。幼儿园里的小朋友，一天下来确实是玩乐多于学习，但他们从中得到的成长回馈，很可能已远超我们表面所认知的游戏本身。这是一个不在乎小孩起跑过慢的社会，因起跑过慢并不表明他们会在终点前落后于他人。到挪威幼儿园走了一遭，我似乎意外抽到了一个得以循线探索北欧人为什么深具创意的线头。

第二章　幼儿园：尽情玩吧

6. 回归自然的户外教学模式

挪威人把小孩子可能接触到的日常环境，都转换成有意义的教学场所。"学习"这件事，未必要局限在有墙、有门、有窗、有讲堂的"教室"里。

埃米莉即将上小学了，她将告别以"玩耍"为基础课程的美好时光。我对挪威小孩的童年生活相当好奇，所以特别向埃米莉的妈妈借了几张记录这几年埃米莉在幼儿园生活的 DVD 一窥究竟。浓缩成两小时的影片，刚好呈现出当地幼儿园最典型的一面。除了偶尔惊鸿一瞥的教室内镜头，绝大多数时间，埃米莉幼年所受教育的回忆都发生在户外。

假如娜拉也是在这家幼儿园就读，她将有机会选择一周两天或一周三天室外课的学习方式。或者，我们也很乐意让她尝试一周五天、无论晴雨都待在室外的"全室外教学课程"

第二章 幼儿园：尽情玩吧

（naturbarnehage）[1]。在上室外课的过程中，他们唯一接触得到的建筑，就是影片中坐落于森林深处的一间简陋木制小屋。而且它的作用主要是摆放在野外当作教学工具，并非供人休憩。即使隆冬大雪，孩子们也全留在户外，家长唯一要配合的，就是为自己的小孩准备好足够应付当日天气变化的衣服。

通过影片中的画面，我们看到埃米莉在老师的带领下，轻松自在地踩着滑雪板行走在雪地上，还吃着自己刚烤好的热狗。挪威小孩平均3岁左右开始接受滑雪训练，在一个一年大半时间都得与雪为伴的国度里，滑雪必然是基本的生活技能，就像临海而居者，多半熟谙水性一样。

移居挪威的第二年，我终于克服长这么大还要摔个四脚朝天的恐惧，强迫自己穿上滑雪板。在挪威友人的耐心指导下，以及经过无数次的人仰马翻，我那始终不听使唤的双腿才逐渐发挥作用。经过整个冬天的特训操练，如今总算具备了一定程度的滑雪技能。当你能够脚踩滑雪板，自在地驰骋于雪白山间时，将会彻底改变冬季生活无聊乏味的观念。

挪威小孩则是从小就把滑雪当成家常便饭。在我们告别

---

[1] 全室外教学课程并不是一个法定的幼儿教学设计内容，而是由各幼儿园自己决定，有些幼儿园以此作为招生特色，但不是每家幼儿园都如此。

自然养育之道：不一样的挪威教养

挪威临行前，想挑一件足可代表挪威意象的纪念品以供日后回忆。千挑万选，最后带回了一幅描绘穿着滑雪板的小婴儿躺在摇篮里乐不可支的画作。我和葛罗莉亚在店里的墙上看见它时，彼此不禁莞尔一笑。画面上的摇篮下方写着一行字"The Cradle of Skiing"[1]，挪威人确实有资格如此自喻。

那年我站在"特律旺"（Tryvann）滑雪场的练习斜坡上，屏气凝神地准备跨出我人生滑雪第一步时，一名挪威妈妈正好在我前方，以半鼓励、半命令的口气，要求她3岁的女儿转过身往下坡的终点冲下去。女儿号啕大哭、不肯就范，最后妈妈硬是架着她一步步往下滑，无视女儿凄惨的哭叫声回荡在整座山谷。几个来回，接近傍晚时刻，这位小女生俨然已经驾轻就熟，没多久，她已似乎玩得乐不思蜀。我却仍旧掌握不了窍门，沿途不断跌跌撞撞。挪威国家法令禁止家长对子女施予任何形式的体罚，但不表示他们不会严厉地教育自己的子女，尤其在传授滑雪技巧这件事上，小孩一时的哭喊，从来不足以让父母为之心软。

埃米莉应该也有类似的经历。但我相信，她最终会忘却

---

[1] 滑雪的摇篮。另有"穿着滑雪板出生"之意。

第二章 幼儿园：尽情玩吧

当初的眼泪，而只记得影片中自己漫步在雪地上、笑得合不拢嘴的一幕。当然，不只是滑雪，挪威的森林就像资源丰沛的大教室。挪威小孩有机会在森林里学习如何烹煮食物，如何挑拣树木枯枝当柴火；如何自己烤面包；老师还会教导他们辨识可食、不可食的野莓和野菇。许多自然界的知识，便在日积月累的室外课实践中逐一堆叠而成。

通过 DVD 画面，我得以同步感受埃米莉多彩多姿的童年。她小心翼翼、蹑手蹑脚地端详树上鸟巢里一只刚刚破壳而出的幼鸟；领略春夏秋冬四季转换时，整片树林也跟着变换颜色；又或者发现冬天因为冰雪而结冻的小草，触感竟和夏天时相差许多；敏锐地察觉冬雪和春雪放入口中时味道各有不同。其中一段影像让我印象颇为深刻：埃米莉的老师要他们沿途捡拾粒状干硬的驯鹿粪便，再把这些弹珠般大小的驯鹿粪便带回小木屋，拿细绳穿成一条项链。挪威幼儿园的室外课，确实很少因为"肮脏""恶心""不卫生"等因素限制小孩的想象空间。

为了让尚处于懵懂状态的小孩能更清楚地认识自己生长的环境，老师会刻意选在大雨倾盆时，要大家穿上雨衣，出门

自然养育之道：不一样的挪威教养

感受雨水打在脸上的滋味。即使有人调皮捣蛋，重重踩起坑坑洼洼的积水让和着泥巴的水溅满全身，也不会遭到制止或处罚。老师们的反应中，偶尔还略带鼓励。娜拉如愿进入幼儿园后，最开心的就是下雨天到户外踩水。还有让人更难想象的。我们很自然地会在冬天为自己的小孩多添衣服，尽可能确保他们不会伤风感冒，将他们从头到脚裹得密不透风才敢送出家门。但挪威老师竟然建议家长让小孩试试光着脚丫踩踏雪地，以体会白茫茫的冰雪究竟有多冰冷刺骨。

幼儿园阶段正是小孩通过大量触摸、感觉建立个人经验的年纪，包括叶面上的纹理、树根的盘根错节、花瓣的触感，抑或是表面粗糙的石子儿，乃至和着杂草的泥土以及冻人的冰霜。小孩亲手接触它们时，同时就会在自己的脑袋里转换成一组明确的感知，逐一建构他们对周遭环境的理解和认知，从这个过程中获得的认知，往往远胜于大人任何单纯的口语形容。

也许是受埃米莉幼儿园生活影片的启发，之后我带娜拉到户外游玩，已不再随时紧盯着她的指缝是否因为到处乱摸而渗入污垢，逐步任由她直接用双手翻搅草皮和泥土。偶尔她会

第二章　幼儿园：尽情玩吧

狐疑地翻看自己的掌心，注视着那些从未出现在自己手中的黑色粉状物。当我来不及制止，她把一片枯叶放入口中，可能因为味道苦涩，她皱了皱眉头而自动把它吐了出来，之后便不再对枯叶产生兴趣了。也许很多时候，自然界所给予的教养，根本无须假父母之手。

另外，按照挪威人传统的养育观念，如果过度干预小孩在自然环境中本能的行为表现，就会一并不自觉地剥夺了他们辨识危险的天性反应。毕竟大自然亲自传授给他们的知识，向来比老师、父母口述，或者从书籍、画册中学到的更明白有效。

我不得不说，埃米莉和她的同学实在是一群善良的孩子。影片中有一个段落，仍然是森林探索的情节，学生跟在老师后面，步行在一条林间小道上，突然有人发现自己脚边有一只死老鼠。经过一番交换意见，众人决定为这只死老鼠就地举办一场基督教式的葬礼，助其入土为安。当我看着影片里的画面，不时地面露惊讶神情，且偶尔发出会心一笑，此时，原本在我怀里的娜拉，已因不耐久坐而钻出我的胳膊跑得老远，事不关己地转移阵地在厨房里翻箱倒柜。我相信，未来她若有机会经

自然养育之道：不一样的挪威教养

历影片中的一切，在类似情境下，她必定不会被一只森林里的死老鼠吓得眼泪汪汪，可能她也会愿意和同学们一起为一只小老鼠的殒命而哀悼祝祷。

挪威幼儿园重视室外课的程度，其实有些超乎我的想象。没有选择"全室外教学课程"的小朋友，他们一天当中留在教室里的时间也是少之又少。娜拉满月那天，我们带着她去拜访一对住在挪威和瑞典交界边境的挪威夫妇。他们的女儿阿曼达从小接受的就是传统挪威式教育。一阵简短寒暄过后，阿曼达要求她的爷爷驾驶快艇，并用麻绳拖曳后方躺在游泳圈上的她。直到夕阳西下，阿曼达才带着心满意足的微笑上岸。这是阿曼达从小最喜欢的水上游戏，过程既惊险又刺激。

正准备升九年级、14岁的阿曼达，躺卧在游泳圈上，紧随爷爷驾驶的快艇飞驰于峡湾之上。高速行驶下，阿曼达时而跃起离水数尺，时而坠下重击海面。挪威具有特殊的峡湾地形，海水下方多是被古老冰河切割开的深沟，站在岸边的我不禁为阿曼达捏了好几把冷汗，生怕她稍有不慎会跌入危机四伏的大海。

事后我问阿曼达的父亲，这"游戏"会不会太危险？阿

第二章 幼儿园：尽情玩吧

曼达的父亲若无其事地回答我："你当然得先会游泳，且衡量个人的泳技是不是足以应付这片峡湾。从小我们就教导阿曼达学习在大自然中保护自己，当你具备一定的常识和技能，'游戏'就不是一项危险的运动。"

我相信，挪威幼儿园的全室外教学课程，同样不光是在训练一个小孩不怕死老鼠的胆量，还包括传递许多人类面对自然界必须具备的常识基础。挪威人无疑是喜爱挑战大自然的，举凡峭壁攀岩、山林健行、划独木舟、滑雪、海泳、湖泳，多为挪威人从小到大生活中的一部分。但他们很少在常识、技能不足的情况下让自己涉险。这或许是在这个多数人一到假日就让自己投身野外的国家，却甚少耳闻当地参加野外活动出现意外的新闻的原因之一。

很多挪威人确实是从小到大都把森林、湖泊、峡湾、太阳、骤雨都当成自己的亲密伙伴。因为自然万物不仅伴随个人成长，更教会了他们许多事，简直亦师亦友，也难怪挪威人总是对风餐露宿这类的野外活动兴致勃勃。挪威全境布满森林、湖泊、山丘、涧谷，从小在此生长的人对这片土地的特点已是相当熟悉了。

自然养育之道：不一样的挪威教养

　　看完埃米莉的幼儿园成长记录，我对挪威幼儿园室外课的教学内容更加感到好奇。借由一次机会，我向在幼儿园当老师的好友史方提出一个问题："难道挪威小朋友都不需要在教室里上课？"史方却反问我："对于这个年纪的孩子来说，你又该如何定义'教室'？""非得在10平方米大左右的空间，有桌子、有椅子、有黑板，才能传授他们社会技能和生活常识？"他没有直接回答我的问题，而是抛出更多问题，供我自行诘问。我大概能理解他的意思，挪威人把小孩子可能接触到的日常环境，都转换成有意义的教学场所。"学习"这件事，未必要局限在有墙、有门、有窗、有讲堂的"教室"里。

　　此外，挪威室外课的内容，还包括带着小朋友搭公交车、浏览住家街区、到图书馆借书，尽可能地接触外界人群。这当然也是一种最贴近日常生活的实境教学。他们同时学习感受旁人友善的响应、礼貌的对待和亲切的微笑。当他们笑盈盈地对着路人而遭对方不屑一顾时，说不定也有助于他们的成长。人际互动的学习，往往要跳出校园的框架才有机会接触得到。

第二章 幼儿园：尽情玩吧

自然养育之道：不一样的挪威教养

当我看着公交车车厢里穿着荧光背心（基于安全考虑，这是幼儿园校外教学时的着装规定）的两名四五岁大的小女生，对着同车一个双眼涂着烟熏妆的少女露齿微笑，却被回以白眼，而后悻悻然低下头，重回先前的话题时，觉得那个少女的反应也没有什么不恰当。我不觉得这样的负面经历会对小女生幼小的心灵造成什么伤害。在多数人都是以笑容响应类似年纪的小孩时，未来当娜拉遇到烟熏妆少女的冷漠态度，她会带着什么样的观点、什么样的心情，回来对我解释自己当时的心情感受，这应当也是挪威室外课的目的之一。除了提供自然界的知识，它也经常伴随某种社会化的学习经验。我发现挪威小孩的言行举止、举手投足，总带有超乎亚洲同龄小孩的成熟度。我相信，这与他们在幼教阶段接收的潜移默化的室外课信息必然有所关联。

第二章 幼儿园：尽情玩吧

7. 参与式学习让孩子拥有更深刻的体会

挪威幼教系统传授的知识也许不多，但整座城市就是一所资源丰富的学校。它无时无刻不在通过专门为儿童服务的户外教学，给国家的下一代创造一系列有趣的学习机会。

娜拉 15 个月大时，家中有限的室内空间已无法满足她旺盛的活动力。每逢假日，我们总得想破头为她安排任何能有效消耗精力的活动。如觉得麻烦费事、偷懒而不愿为其整装出门，就必须成天陪着她在家里讲故事、玩玩具，或者跟在这位小野人屁股后头，焦头烂额地替她频频制造出的混乱局面收拾善后。那才真是自讨苦吃。当我们偶然从网络上看到丹斯克银行（Danske Bank）即将在本周六举办城市马拉松赛，并特意划出一段 150 米长的赛道供 0～4 岁的幼童体验时，我和葛罗莉亚未有半点儿迟疑，立刻替娜拉报名参加。

第二章　幼儿园：尽情玩吧

欧洲社会普遍洋溢着关爱儿童的气氛，挪威甚至被称作儿童的成长天堂。当地小孩比许多其他国家的小朋友拥有更多机会享有公共空间赋予的特殊待遇。马拉松比赛当天，幼儿赛道就设在奥斯陆最精华地段的卡尔·约翰大道，所有车辆禁止通行。"封街"之举的确给汽车驾驶带来诸多不便，但只要服务对象是小孩，就绝不会有人认为它扰民。

当这个国家通过育儿津贴、父母育儿假、家庭照护假、儿童免费医疗等措施大举减轻家庭育儿负担时，我们多半着眼于能有多少个家庭受惠，以及什么条件的小孩能享受这些福利。但北欧人所标举的"儿童是立国之本"，思考的出发点则是一个政府必须投入多少资源，去培育属于这个国家"共同的下一代"。因为任何一个小孩都不会只属于个别家庭，而是国家集体资产。有此根深蒂固的价值观念在社会上普遍流传，这一群小萝卜头当然可以无所顾忌地在全程封街的卡尔·约翰大道上恣意奔跑。

后来因娜拉对等候排队加入比赛感到不耐烦，且似乎对赛道外发生的事情更感兴趣，我们只好退出赛事，随她转往邻近的草地上追逐麻雀和鸽子。她偶尔会被路边店家挂出的气

自然养育之道：不一样的挪威教养

球、彩带所吸引，在同一处人行道上来回折返数趟，我相信实际距离早已超过幼儿赛道那 150 米。

秋天是挪威儿童室外活动内容最丰富的季节。就在举办幼儿马拉松赛的同一天，距离市中心数十公里外的斯梅斯塔市（Smestad）在举行儿童室外防火演习。我们打算只要娜拉对马

第二章 幼儿园：尽情玩吧

拉松比赛周边景物渐渐失去兴趣，就立刻驱车前往斯梅斯塔消防中心，希望新鲜有趣的消防活动能引发她另一股好奇心。

挪威住房以木造建筑居多，因此包括奥斯陆在内的几个主要城市，历来或多或少都发生过火灾。西部港口城市奥勒松（Ålesund）便曾在 1904 年遭遇挪威有史以来最严重的大火侵袭。当时奥勒松市中心的房舍几乎烧毁殆尽，一夕间上万人无家可归。日后为防患于未然，火灾演习就成了挪威民众日常生活中极其重要的一件事。2009 年我们初到挪威，一周内就遇上两次大楼演习警报，我和葛罗莉亚当时一度穿着短袖衣裤，外覆雪衣，顶着零下 5℃ 的气温，在小区广场上站了半小时，直到所有住户全数撤离大楼，演习才告结束。不光是斯梅斯塔市，其他城镇的消防队也都在这一天走上街头为民众示范灭火技能，内容包括如何正确使用灭火器，并在现场燃烧一台报废车，再由消防队员现场指导小朋友尝试自己动手灭掉眼前的大火。

曾经有一年，德勒巴克小镇（Drøbak）的消防队还特别调动救援专用直升机，让小朋友登上直升机，体验凌空翱翔的真实感受。透过机窗俯瞰下面如米粒般大小的房舍，简直

自然养育之道：不一样的挪威教养

比儿童乐园里的游乐设施更令人兴奋。除此之外，消防队还会教给挪威人一些必备的防火知识，比如正确清理家中的烟囱和壁炉等。

诸如此类的活动设计，均采取寓教于乐的形式，与挪威幼教"在乐趣中学习"的核心方针相符。经过每年定期举办的真实情境的防火教育，我相信除了成人获益良多，对于小朋友们，耳濡目染且进行了实际操作，哪怕参与动机多半是满足个人游兴，日后面对火警意外时，他们也能表现出稳妥的应对之道。

在挪威式的教育中，即便目标对象只是一个还没认识多少字的幼儿园小朋友，他们也会尽可能把生活中任何可能发生的危险如实地呈现在小孩面前，而非刻意为他们营造一个无菌、无灾的世界，让他们以为所到之处都和在家里一样安全。

第二章　幼儿园：尽情玩吧

而且也很少有人会把教育的责任全部交给学校老师。各城镇例行的防火教育，除了专家现场指导，家长还得不时地为身旁一脸疑惑的子女解释说明。挪威家长确保小孩平安无虞的方法，就是培养他们在不同环境中能有足够的安全意识，例如斯梅斯塔消防队真枪实弹的防火演练，就是最直接最震撼的教学内容。

　　关于慢跑、防火，乃至清理烟囱，挪威家长本身也有自小而来的实际经验可以传述给孩子。虽然一开始我的动机并不纯，只是希望娜拉白天在户外跑跳消耗精力，晚上可以早点儿上床睡觉，以便我和葛罗莉亚欢度难得的二人世界。不过，经过那个周末，我大致明白了，无论是奥斯陆市的幼儿马拉松，还是斯梅斯塔的消防教育，挪威父母都要参与其中，而不仅仅是带着自己的小孩前往现场打发假日时光，或让活力充沛的小孩有机会释放体能。

　　除了慢跑和防火教育之外，在奥斯陆市区，同一天隆重登场的还有国家科学周（Forskningsdagene）。一样是沿着卡尔·约翰大道，两侧架起了不同的摊位，每个摊位代表不同的科学概念。在"路边摊儿教室"里，我们有机会看到显微镜下

自然养育之道：不一样的挪威教养

的生物构造、初步理解直升机起降的原理、观察挪威山林地质的采样，以及了解一棵胡萝卜的培育过程，内容琳琅满目。推着娜拉一个摊位一个摊位地逛，我和葛罗莉亚的好奇心，其实不亚于始终瞪着一双大眼、满脸困惑的娜拉。这一天，随侍在侧的爸爸妈妈们，还必须充当解说老师，或者至少是个助教。

以娜拉当时的年纪，应该只能感受到街上的热闹和喧嚣，时不时跟着瞎起哄。有朝一日当她进一步认识这个世界，我相信除了乐趣之外，她对这些活动设计将会有更深刻的体会。像挪威小孩般成长，她小小的生命世界，或许就不会只被成堆的玩具、平板电脑的游戏和五花八门的APP（Application，智能手机应用软件）所湮没，或者在脑海里仅仅塞满了关于儿童乐园的记忆。

挪威幼教系统传授的知识也许不多，但整个城市就是一所资源丰富的学校。它无时无刻不在通过专门为儿童服务的户外教学，给国家的下一代创造一系列有趣的学习机会。尽管如此，挪威父母也无法推卸责任，毕竟他们才是小孩最亲近的导师。点点滴滴常识的累积，以及记忆里和父母共同培育出的智慧领悟，往往将伴随着小孩的成长，一生受用不尽。

第二章　幼儿园：尽情玩吧

原本落叶萧瑟的初秋，因为这些丰富多彩的活动，我们的周末假日显得忙碌充实且色彩缤纷。幼儿马拉松结束的隔天，距奥斯陆15分钟车程的小镇博斯塔（Bostad），有一处农场推出了"绵羊日"。当天有牧羊犬技能示范，以及现代化剪羊毛技术表演。因先天环境之故，绵羊和挪威人的传统生活紧密相连，羊毛、羊奶、羊干酪和羊肉都是挪威人日常所需。"绵羊日"这项活动行之有年，直到因石油致富的一代，挪威人仍难以忘怀经由农牧活动透视这块土地的古老岁月。

奥斯陆周边几座牧场以亲手饲养的牛、马、羊取代有赖进口的珍禽异兽，因为它们本来就不是纯为贩卖门票而赚取收益的动物园。小孩们得以不用隔着栅栏、强化玻璃，远远遥望拖着蹒跚步伐的美洲狮或孟加拉虎。尽管他们在牧场里所能接触到的动物种类，远不及动物园提供的那样丰富，但挪威小孩也许更能因此掌握动物的自然习性。

位于奥斯陆城西的比格迪半岛（Bygdøy）一处偌大的王室牧场，在"绵羊日"这天免费开放，允许民众携家带眷游览参观。王室牧场外的周边草坪上，另有成群栖息、每年依着时节来去的野雁和水鸭，使此处成为当地人观察野生动物的

自然养育之道：不一样的挪威教养

好地方。

我们的朋友之中，不少为人父母者十分热心于这些专为小孩举办的假日活动。带着自己的小孩参与其中，他们发现有时比起百科全书上的图文解说，有更多意想不到的学习效果。挪威人总是不在乎小孩懂的东西是多是少，而是能否乐在其中，并且在增加见闻的同时，将这些知识活用于成长的每一天。当然，这些生活知识伴随个人心智成长，日后也可能发展成为一门艰涩专精的学问。

带有更多娱乐性质的户外活动，也许真的替挪威父母分担了不少教育之责，因为精力充沛的小孩在外头玩耍一整天后回家能倒头就睡。我起初误以为挪威家长面对子女教育时似乎有偷懒之嫌，结果发现他们有时甚至比我们印象中那些紧盯着小孩学习功课的家长，更在乎自己能否经常陪伴子女。

在这些专为小孩设计的娱乐活动之外，在幼儿园还有所谓的"家庭日"。爸爸妈妈在这一天需亲手制作点心、饼干，拿到学校和小孩的同学分享。准备点心时，他们的小孩当然不可能跑到别处自顾自玩耍，坐享其成，而是至少也要在厨房里当个跑腿的帮手。另外，家长之间也会自行组建妈妈俱

第二章 幼儿园：尽情玩吧

乐部或爸爸俱乐部。每隔一段时间，由爸爸们或妈妈们发起并组织家庭联谊活动，如带着各自的小孩到森林里夜宿。在缺乏水电供应的荒郊野外，挪威爸爸妈妈必须在自己小孩面前，展现野外求生的本领。对于还在上幼儿园的小孩而言，其堪称一种更为务实的成长训练模式。

不少刚移居挪威的外籍父母，认为当地频繁的亲子活动，只会增加家长的负担。但实际情况是，挪威小孩比我们认知的同龄小孩更具备安全观念，更懂得在不同的环境下如何避免发生意外。如此一来，父母反而因此轻松不少。

一年冬天，我乘着滑雪场专用的雪道缆车准备重返山顶，一群挪威小学生刚好在我脚下数十米远的地方，踩着滑雪板蹦

自然养育之道：不一样的挪威教养

蹦跳跳地朝山下走。那不是正规的路径，但也不是禁区，只见他们手脚利落，顺着起伏不规则的地形，谨慎地朝缆车发车处滑行而去。事后我们在山上巧遇，我好奇地问他们哪儿来的勇气，竟然舍弃一旁平顺安全的坡道，选择那条蜿蜒崎岖的小路。他们耸耸肩，一脸轻松地说："只要掌握脚下雪堆凹陷和隆起的变化即可。"并补了一句——"爸爸教的"。

很多时候，我并不觉得挪威小孩勇气过人，或者拥有天赋异禀的肢体协调能力，让他们能在成长过程中趋吉避凶。涉足湖畔、海滨、崖边、森林里、雪地上的他们，总是比我熟悉的同龄小孩多了一份从容和自信，甚至已有了让自己远离险境的基本逻辑观念。当地父母将小孩带往森林，经常只是远远地盯着他们，少有伴随左右随时准备伸手搀扶的。尽管孩子常因此跌倒受伤，摔得满头大包，那也是利大于弊的成长代价。

曾经有一对挪威夫妇受朋友之邀到台湾旅游，回到奥斯陆后，他们兴冲冲地和我分享游记杂趣。虽说对台湾有良好的印象，但有件事让他们百思不解：为什么他们的台湾友人带着一岁大的儿女出游，在自然风景区把小孩保护得无微不至，而开车时却会抱着侥幸心态，认为路途不远，开车时并未让小孩使

第二章 幼儿园：尽情玩吧

用儿童专用安全座椅，甚至是由妈妈抱在腿上，连安全带都免了。在本该学习自我保护的大自然中，我们常常忽略了教育子女树立危机意识的大好机会，在应当严谨小心的时候反而不经意地放松了警惕。

小小年纪的挪威儿童，之所以能够具备比较扎实的生活常识，主要在于向他们传授这些避险技能的人，除了学校老师，还有通过公共资源传递信息（如防火教育）的政府，以及和他们朝夕相处的家长。尤其是父母的安全概念，毋庸置疑，将直接影响小孩往后的行为表现。

我相信对于挪威人来说，小孩成长必需的知识，有很多确实不是坐在家中写写作业就能学到的。为了娜拉，除了多多参与亲子活动外，我想我自己也得多加把劲儿，学习一些足以传授给她的新技能。

自然养育之道：不一样的挪威教养

第二章 幼儿园：尽情玩吧

8. 书是上上之选的生日礼物

在挪威，送小朋友故事书当生日礼物绝对是上上之选。直到今天，挪威人为小孩子准备的生日礼物仍多以童书为主。

挪威的小孩进入幼儿园阶段，父母每隔一段时间，就会收到班上同学寄来的生日派对邀请卡。在我看来，这真是天上掉下来的礼物。因为那表示我们可以把自己的小孩送到对方家里和其他受邀同学做伴。接着，他将不再整天缠着你，频拉你的衣角，以半命令的口吻要求你和他玩过家家。更何况，参加生日派对，小寿星的爸爸妈妈还会扮演一日临时保姆，负责照料你家的小鬼头，真是何乐而不为？

一般的流程是，在我们带着小孩进门和主人（对方家长）简单寒暄后，便可暂行告退。之后三四个小时的时间，我和葛罗莉亚也许会到楼下转角的咖啡厅，平心静气地享用一份餐

自然养育之道：不一样的挪威教养

点，悠闲地翻阅时尚杂志、浏览社交网。或者，趁着没有调皮捣蛋的跟班干扰，跑到很久没去的百货公司为自己挑件新衣服。就算想看场电影，时间也绰绰有余。只不过，当轮到自己的孩子邀请班上同学到家中庆生，你也得有心理准备，你那不过数十平方米大的公寓将成为小孩子满屋追逐嬉闹的临时托儿所。挪威家长彼此间默契地支持这一类的活动，确实有相互支持、轮流偷闲的用意。

第二章 幼儿园：尽情玩吧

因此，当我们收到尤朗的大女儿海莲娜的生日邀请卡时，便二话不说，立刻允诺赴约。我们唯一伤脑筋的，就是该送给一个两岁大的挪威小女生什么样的生日礼物。她喜欢洋娃娃吗？还是已到了懂得梳妆打扮的年纪（这个年纪的小孩，其实已会模仿妈妈涂口红，学妈妈化妆，并且自己决定今天穿什么鞋子、配什么衣服了）？在北欧广受好评的BRIO木制小火车，似乎比较适合男孩子。想送套小洋装，但又不确定海莲娜的身高以及适合什么样的款式。我和葛罗莉亚商议良久，跑了几趟玩具店，就是拿不定主意。不过，我们倒是已计划好届时利用凭空赚得的两个钟头，到附近某家餐厅喝杯下午茶。

关于如何挑选海莲娜的生日礼物，在几番探询挪威友人的意见后，我们终于有了明确的目标。他们几乎一致认为，在挪威，送小朋友故事书当生日礼物绝对是上上之选。直到今天，挪威人为小孩子准备的生日礼物仍多以童书为主，尽管5岁以前他们根本还不认识几个字。时下不少新式玩具虽然颇具益智性，但"书"还是普遍受到了挪威家长的欢迎。

看来这个国家有计划地培养幼儿的阅读习惯确实收到了

自然养育之道：不一样的挪威教养

很好的成效。1985年挪威国会便大刀阔斧地通过一项影响深远的图书馆法案，规定挪威境内的每个城市都得设立一家儿童专用公共图书馆，且要求它所提供的服务质量和藏书多样性，必须比照成人图书馆的规格，并尽可能让所有小朋友都能轻易地拿到馆藏的儿童读物。

当年这项法令被视为今天挪威高阅读率的重要推手，目前挪威有93%的成年人养成了固定的阅读习惯。自此之后，所有儿童图书馆都与各地小学的图书馆联机整合，挪威小朋友于是有机会通过最简便的渠道，获得丰富多元的童书资源。挪威人会略带骄傲地告诉你，如今图书馆里儿童书籍借阅率早已超过50%，而且平均每位14岁以下的儿童一年会从图书馆借出16本书。我相信挪威小孩从小所受的教育，应该不只是在游戏中学习，或者仅仅将他们成长必备的知识技能的掌握这项任务交给大自然训练。当地有八成的小学生家长，每周至少会为孩子读三本故事书，而很少求助于字正腔圆的故事录音带。

第二章 幼儿园：尽情玩吧

当时娜拉才 13 个月大，书对于她来说，或许仍属于某种形式的"玩具"，她的专注力也尚不足以听我讲述一个完整的故事。但从她满周岁开始，我们收到来自其他挪威家长的礼物，最多的都非"书"莫属。当然，这些书的设计很符合这个年纪小孩的需求，例如加上毛茸茸的小狗或小猫插画，或可一边翻阅、一边动手拨弄具有游戏功能的图片折页。当娜拉终于不再啃咬书角，并且逐渐懂得如何正确使用它时，这些书也就有了区别于其他玩具的意义。尽管她总是一副殷殷期盼我讲故

自然养育之道：不一样的挪威教养

事给她听的样子，却总是在我刚起头时，又一溜烟地跑到厨房调皮捣蛋去了。

除了1985年的新图书馆法规有助于提升挪威人的阅读率外，若把时间倒回至1965年，那时挪威政府一项支持本土作家创作的计划，显然也对半个世纪后的挪威社会影响甚大。当年新法规施行之后，只要有任何的本土小说、短篇故事、诗词、剧作撰述成书，政府就会出面购置1000册，作为各地公共图书馆、学校图书馆的馆藏。

儿童读物也是如此。政府购置的数量从最初的500本一路追加到后来的1550本，并且政府还会与出版社共同支付第一版版税。除此之外，政府会在出版社支付的10%版税之外，再支付作者一笔12%的版税。平均首版为2.3万本。如此慷慨的措施，当然是为了减轻写作者的经济负担，但也在这个500万人口的小国家，造就了一代代专门以创作童书为生的热血作家。

政府大举鼓励本土作家，惠及童书创作者，使得20世纪60年代的挪威兴起一股童书创作的风潮。作者在生活无后顾之忧的情况下，童书创作愈加百花齐放，作者间的接力合作也

第二章 幼儿园：尽情玩吧

曾兴盛一时。70年代，茁壮成长的挪威儿童文学，在插图这一领域结出新的果实。当时因为现实主义、批判主义被引入挪威社会，挪威童书也开始试着通过简易的文字和亲切的插图，在故事内容中嵌入成人世界的道德观。除此之外，配合现代的社会氛围，此时的童话故事在某种程度上，甚至还有传递"反权威"的色彩。于是这些童书不再施以单向的教化功能，主要任务还包括对小孩提出更多的问题，而非给予更多的答案。21世纪初，涉及同性恋议题的童话故事首度列入挪威幼儿园选读教材，代表挪威儿童文学的多样性随着时代的推演不断变化。

许多指点我送书给海莲娜当生日礼物的挪威父母，或许只是理所当然、不带严肃精神地建议，仿佛十分稀松平常。不过就我所知，曾经让挪威人最感自豪的国家招牌，就是一度百家争鸣创作出来的本土童话故事。受益于北欧神话萨迦[1]的熏陶，挪威人自古以来就十分擅长讲故事，这项特长成为当地童书创作过程中源源不断的养分。为了让儿童更乐于亲近接触，不光是文字叙述上，童书附带的插画也越来越有强烈的自主意

---

[1] 萨迦（Saga）是北欧地区特有的文学，内容主要为北欧神话、英雄传奇与探险故事。一开始是以口传的方式流传在民间，后来则是以套有韵律的散文写成，并搭配乐器朗诵。

自然养育之道：不一样的挪威教养

识，能独树风格，甚至跃居艺术品的行列。

天马行空的插画创作，强化了童话故事文字叙述的联想力。有一段时间，挪威童书岂止是情感丰富，简直是充满诗意。而插画在童话中的地位和分量，甚至还超越了文字本身。新作品变化多端的面貌，更进一步拓展了小读者们的想象空间。我对挪威童书颇为好奇，为此特别到图书馆借了几本插画流行年代的代表作，其内容果然充满稀奇古怪的奇妙幻想。事实上，无论小孩还是成人，在阅读这些挪威童书时，都会找到不同程度的乐趣。这些书籍所反映出的挪威王国，是个充满生机与活力的斯堪的纳维亚绮丽世界。

我不确定海莲娜喜不喜欢我送给她的故事书，那是一本讲述森林里一只大兔子和一只小兔子相遇的故事书。因为不谙挪威文化，事后我还是通过她的父母翻译解释，才对其内容稍有了解的。但我还是由衷感谢海莲娜的邀请（当然，她主要是邀请娜拉），让我得以有机会一头扎进挪威人的童年时光，且有幸体悟到挪威人在建构童话故事时，即便使用的字句浅显易懂，也有着意味深长的寓意。

并非所有童话故事都是为了投射成人的道德观。比如已

第二章 幼儿园：尽情玩吧

故的挪威童书作家托尔英德·豪根（Tormod Haugen）[1]便以其独到的眼光和笔触广受挪威人喜爱。他向来不喜欢在童书里注入太多成人世界的善恶逻辑。豪根所关切的，是所有曾在童年时受过伤害，而把自己心灵隐藏在黑暗中的儿童。他希望借由他编写出来的故事，为这些儿童带来些许欢乐和光亮。豪根不以奇幻为手段，而是专注于挪威社会底层不被重视或家庭失和的受害儿童。有一段时间，挪威人十分感激他，是他让诸多历经不幸、寂寞孤单的小朋友重拾对生命的热情。任何在童年时期发生过的悲伤和焦虑，通过他描绘的故事加以转化，那些记忆原来都有可能成为日后面对外界的正面力量。童话故事也许未必需要像成人读物那般意义深远，或者处处充溢着种种社会道德的批判，但也不会只是提供乐趣而已。至少当时曾有一代挪威人，试图借由童书的表现力，站在侧翼的位置丰富自己的国家和这个世界。

豪根曾在名为《白色城堡》（*Slottet det Hvite*）的故事中，讲述一个名叫艾蒙的小王子，从小到大一直以为自己是国王和王后的独生子。长大后，一次偶然的机会，他才发现自己竟然还

---

[1] 豪根为挪威儿童读物作家暨翻译家，因对儿童文学贡献良多，曾于1990年获颁国际安徒生奖，于2008年逝世。

自然养育之道：不一样的挪威教养

有个年幼时就遭父母弃养的亲姐姐。只不过姐姐碍于天生残疾，从没享受过宫廷里任何的荣华富贵，很小就被逐出王室，常年流浪在外。故事最后，国王因为统御失当，被群情激愤的人民赶下王位，王室崩解，白色城堡最终成了一座废墟。沦为平民的艾蒙，反而因祸得福，一偿宿愿，辗转和他日夜思念的姐姐在民间重逢。

另一则叫《齐柏林》(*Zeppelin*)的故事，则是描述森林里住着一位名叫妮娜的女孩，有一天意外和一位浑身脏兮兮的小男孩相遇。小男孩命运坎坷，从小遭受家暴，终于忍无可忍，决意逃离父母的魔掌。原本对外面世界一无所知的妮娜，得知小男孩的处境后，不只是同情，而且对小男孩拥有她所没有的胆识、活力和独立性格大感钦佩。于是妮娜决定加入小男孩的探险之旅，第一次有勇气走出从小到大将她保护得无微不至的那片森林。这两则故事有别于我们传统印象中的童话情节，不过话说回来，故事中的隐喻，小孩也未必全然理解。

娜拉当然还听不懂这两则对于她来说仍过度复杂的童话故事，也不可能有耐心听我将其讲完。但未来她终究还是有机

第二章　幼儿园：尽情玩吧

会好好听我讲故事的。只是，我无法确知这些故事能为她带来什么样的启迪，一切都还言之过早。不过，就如同挪威人所深信的，童话故事自有其力量，它会自行转换成小读者们的创造力和想象力，也许还会不知不觉塑造小孩一部分的人格。或许等到十余年后重新翻看时，娜拉自己会领悟出一种我所不知道的内在意境吧。

豪根相信，童年的记忆是每个人内心深处一张无形的网。通过精神分析，任何人都能看见这张网的存在，并了解它对我们往后人生的意义。有时候，童话故事则是有别于精神分析，可达到此目的的另一种有效方法。这席话深深影响了之后数代的挪威人。直到今天，尽管这是一个鼓励小孩尽情玩乐的国家，但此地其实还有着世界上最乐于为小孩讲故事的家长。挪威的景致常被形容为童话世界，我倒认为，这个国家包含"童话"的元素，其实不光有它的外貌。

9. 给予孩子成人般的尊重

挪威人尊重孩子的意愿，仅仅是真正地把每一个小孩视为独立的个体，必须给予他们成人般尊重的第一步而已。

娜拉出生前一年，有一天我收到一名台湾某电视台记者的来信。信中说明他们不久后将有一项采访计划，打算远赴挪威制作几个有趣的新闻专题，介绍这个遥远王国有别于台湾的人文风貌。例如一个男人推着婴儿车满街跑的国家，到底会有一种什么样的社会氛围。他们认为，或许我能以一个在地观察者的身份，对比中国台湾、挪威某地父亲的异同。但当时我正为女儿即将诞生而忐忑不安，实在很难给予具体的答案，最后只得回信婉谢他们的访问。不过，我向他们推荐了戴维，我想戴维应该是个合适的人选，由他现身说法应该更具说服力。

第二章 幼儿园：尽情玩吧

顺利获得戴维首肯后，这名中国台湾记者得以动身去挪威采访。在这次采访规划中，他们除了要采访戴维本人，还准备偕同摄影师拍摄戴维一家人的居家生活，并请戴维的太太（挪威人）从挪威妈妈的角度，评价挪威爸爸在育儿方面的表现。另外，为了丰富专题内容，这名记者事前曾征询戴维，能否前往他儿子塞巴思汀就读的幼儿园，捕捉挪威小朋友在学校里东奔西跑的现场画面。配合度极高的戴维只要对方提出要求便几乎照单全收，唯独这项安排他稍有推迟，数度于往来书信中表示还有待商榷。

首先，戴维必须先告知幼儿园管理层，让幼儿园老师明确地知道某天下午，他会和一名台湾来的记者一起到学校接小孩，同时有摄影师随行。尽管园方对这次采访活动表示欢迎，却仍需征得其他家长的认可。因为拍摄过程中，除了塞巴思汀是画面主角外，还会有其他小朋友随之入镜。不是每个家长都希望自己的小孩出现在电视画面里，即使那是数万公里外的一家电视台。

经过园方一轮个人意见调查，绝大多数家长都认为这样的经历颇为有趣，未有不妥。不过，有一位家长抱持反对意

自然养育之道：不一样的挪威教养

见，最后园方还是据此婉拒了台湾记者拍摄塞巴思汀校园生活的提议。当地人虽然对外来者十分友善，但不可否认，仍有为数不少的挪威人确实生性低调不喜欢张扬。通过媒体曝光，享受上电视的虚荣，也向来不是他们的作风。因此，如果事前没有征得许可，陌生人拿着摄影机、相机对着他们或者他们的小孩拍摄，对于他们来说，近乎是一种侵犯行为。

挪威人曾经因美国驻挪威大使馆以维安为由，在自家使馆周边路口加装了几台监视器而群起抗议，美国驻挪威大使馆最后只好入境随俗，恢复原貌，还给挪威人一个自在不受监控的路口。由此，我们大致可以知道挪威人是何其重视个人隐私。

挪威社会极其强调私人领域不能受干扰，尤其重视保护儿童的个人隐私权不受侵犯。时有所闻的是，许多外来观光客造访当地，见到路上金发碧眼、五官轮廓深邃的挪威小孩，常会忍不住自顾自地朝着他们连续拍照，仿佛这些在自己国家相当少见的洋娃娃也是拍照留念的素材。但如果没有事先询问对方家长的意愿，这是十分不礼貌的举动。关于在公开场合逗弄他人小孩的行为，北欧社会同样相当谨慎而多有避讳。

第二章　幼儿园：尽情玩吧

　　还记得妮可的女儿索菲亚 3 岁大时，曾和妈妈一起回台湾老家面会亲友。索菲亚褐发蓝眼的混血儿外貌，常常让街坊四邻因好奇而忍不住贴近她。出门逛夜市时，索菲亚所到之处，都被人群包围着。这位不习惯被旁人东捏脸颊、西勾小手，甚至强索合照的小女孩，一度吓得花容失色，之后好几天都躲在家里不敢出门。有一回我和葛罗莉亚送一件东西到妮可家，见到长着亚洲脸孔的我们，可能是对几个月前的台湾之行心有余悸，索菲亚当即躲得老远，在沙发后面探头探脑地观察我们的一举一动有无逾矩。

自然养育之道：不一样的挪威教养

无论公开场合还是私下来往，挪威的家庭和家庭之间经常保持适当距离，很少有人会"敦促"自己的小孩和外人热情地打交道，也不喜欢别人替自己的小孩照相或摄影，即便只是有可能出现在短暂的电视画面中。或许这般心态显得有些冷淡而缺少人情味，不过一旦深入理解北欧社会，我们就很可能会发现其中隐含的道理。

北欧国家向来注重孩子们的自主权，"儿童至上"一直是其标举的社会价值。他们习惯让小孩自己决定与周遭环境互动的方式。见到亲友长辈，无论礼貌性握手、热情拥抱和亲吻脸颊，抑或仅仅站在一旁无动于衷地凝视对方，都是可接受的行为。那位幼儿园里一位小朋友的家长反对记者拍摄，可能是基于保护孩子肖像权的主观意识，也可能是自己的小孩并不想出现在画面中。

当下社交网站大为流行，挪威、丹麦和瑞典等国家曾针对子女肖像权问题引发激烈讨论。和许多疼爱子女的家长一样，这几个北欧国家的父母也很喜欢把自己小孩的照片上传至"脸书"（Facebook）供人欣赏点评。当中有出生不久、全身光溜溜带着婴儿肥、笑得合不拢嘴的小女孩；有挺着圆滚滚的肚

第二章　幼儿园：尽情玩吧

子，只包着一条尿布便四处乱窜的小男生；还有三岁小孩趁父母不注意，偷吃巧克力塞得满满一嘴的模样。这些偶然记录下的生活场景，成为父母捕捉孩子童年记忆的素材的同时，也被拿来与众亲友分享交流。因而网络上不时可见父母利用日益先进的影像软件，将自己子女的一些可爱、讨喜的照片处理后，配合个人心得感受上传到网络供人观赏。

就在全球"脸书"使用人数超过10亿的同时，丹麦报纸出现了一则报道，郑重其事地提醒家长们，随意将子女照片上传至网络，不见得是件有趣的事。稍有不慎，恐怕会对子女未来人格养成造成负面影响。不少心理学教授纷纷在文中提出建言：在小孩开始上学、面临与同龄人互动的阶段，父母必须正确理解子女的感受，懂得尊重他们的权利，让他们自己决定哪些照片可以上传网络，哪些则不可以，而非只为迎合爸爸妈妈的育儿乐趣。

另外，丹麦人权研究所（Danish Institute for Human Rights）也有一份类似报告，显示父母在上传子女照片时，通常没有意识到由于数字化的技术，那些照片一旦在网络上曝光，往后将成为子女生活中一个难以抹掉的记录。多年后，很有可能，他

自然养育之道：不一样的挪威教养

们的小孩发现自己其实并不希望那些照片一再被熟人传阅。

这确实并非全无风险。无论挪威、丹麦还是瑞典都有不少小孩曾因父母一时兴起贴出某张照片而陷入难堪的处境，此类事情时有所闻。有一个案例是，一位丹麦父亲将正在念小学的女儿某张独照上传到网络上，却不料引起一场不小的风波。在爸爸眼里，照片中的女儿既活泼又开朗，当然巴不得全天下人都能欣赏到她可爱的模样。但女儿的同学却觉得她摆出的姿势十分滑稽，随之而来的是同学间的欺侮和嘲笑。诸如此类的负面影响，难保不会对幼童的社交生活产生不良影响，毕竟网络世界产生的连带效果，通常是捉摸不定、难以预测的。

娜拉出生后，就像每个新生儿一样，得到了来自周遭朋友温馨的祝福和赞美。但如果仔细观察，就会发现挪威人甚少将他们的赞美之词用于娜拉的五官外貌上。为人父母，就算没有虚荣心，假如听到对方称赞你的女儿眼睛明亮、眉宇端正、头形圆美、脸蛋讨喜，你的内心也一定欢欣不已，默默点头称是。但对于挪威人来说，小孩的外貌、长相似乎从来不是件应当公开表扬的事。"帅""漂亮""英俊""美丽"，也一直都不

第二章 幼儿园：尽情玩吧

是挪威人形容任何个人的惯用词汇。我们也许听过欧洲一句古老谚语："赞美会招来邪恶之眼。"意思是他人的忌妒之心，很可能会为自己招致噩运。但我认为今天挪威人保护自己子女的初衷，当然不会只是基于这番考虑。

生活中多了娜拉，我们因而有很多机会参加当地朋友为自己小孩举办的生日派对。在生日派对上，你几乎看不到有哪位挪威家长会拿着相机到处为大家拍照，以至于好几次那台原本蓄势待发的单反相机，又被我硬是塞回背袋里。家长间似乎有种默契，就是尽可能不让拿着相机游走全场的成年人，无形中打搅了属于小孩子们的庆生活动。

关于挪威人如何尊重小孩隐私，好友妮可也有过亲身体会。她曾在社交网站分享了一张自己5岁大女儿和班上其他同学的合照，几天之后，其中一名同学的家长发现自己的小孩也出现在这张照片的一角，便急忙致电妮可表示抗议，认为她不该未经同意，就把有她小孩在内的照片散布到网络上。妮可只得连忙道歉并立刻将其删除。妮可的经历，对我稍有警醒作用。尽管我拍摄的对象通常只会是娜拉，此事却让我开始留意镜头是不是同时带入了其他小孩，以免将照片传到社交网站而

自然养育之道：不一样的挪威教养

触怒某位家长。

不过话说回来，挪威家长向妮可抗议或反对记者进入幼儿园拍摄画面的做法，可能不光是出于个人的好恶标准，而是站在保护子女隐私的立场上，把小孩的肖像权看作和成人同等重要。父母在网络上公开小孩的照片（包括连带涉及其他小孩的照片），以及同意摄影师在幼儿园里随意拍摄，这个过程有时对懵懵懂懂的小朋友来说，也许正是一种干扰。尽管以他们的年纪还不足以完全理解"尊重"为何物，但身为成年人的父母，应该不会不知道其中的道理。

于是，我们回过头观察娜拉。当她开始把不喜欢的东西丢到地上，抓我的头发，扯下葛罗莉亚的眼镜，一再挑衅我们的底线，周而复始地这样做时，也等于是一种学习判断的过程。她借此来理解自己的行为中哪些是不被允许的，哪些又是可以得到肯定的。多半时候，她任意而为的事情，和我们预期的都是相反的。不过，她至少渐渐懂得了去发出个人需求的讯号，以及去表达不希望我们以什么样的方式对待她。配合简单的解释，久而久之，她越来越能够明白我们的意思。同样的，我们也会经由多次你来我往，反过来了解娜拉逐渐鲜明的自主

第二章　幼儿园：尽情玩吧

性，进而逐步去了解她想表达的意见。

我们很清楚，父母不可能永远是发号施令的角色。当娜拉的个人意见越来越多，也就是她正进入人类成长过程的自然状态时，我们必须给她更多的机会去学习表达她的意志，并逐渐放手，让她学会独立自主。挪威家长谨慎上传子女的照片，或多或少也是建立在此种心态之上。他们不会认为他们是我的子女，或者是他们还小不懂事，自己就有权利主导他们的一切。

父母威权管教的年代已然过去。包括台湾，今天多数家长其实都愿意通过引导、尊重的方式，让孩子成为他们自己想要的样子，这是新时代父母的基本态度。只不过很多时候，比如对着别人的小孩拍照，逗弄路上陌生的孩童（其实我们也不那么反对别人如此对待我们的小孩），或者一时兴起将自己小孩的照片传上网络……在诸如此类看似细微、无关紧要的小事情上，稍有不慎，我们很可能又会不由自主地流露出传统家长的专断了。挪威人尊重孩子的意愿，仅仅是真正地把每一个小孩视为独立的个体，给予他们成人般尊重的第一步而已。

第三章

基础教育：独立人格

10. 不要让孩子的童年过得太过匆忙

"不要让孩子的童年过得太过匆忙。"这是挪威官方自1997年执行教改,到10年后重新检视基础教育内容时,在总结报告里的第一句话。

2014年夏天,埃米莉、索菲亚、凯蒂和乔瑟夫在同一天上了小学,正式和沙堆、秋千、滑梯拼组成的幼儿园时光挥手说再见。他们无论穿衣服、吃饭还是上厕所,都已无须父母插手。这些孩子有更明确的个人喜好,不再对爸爸妈妈言听计从,他们更在乎的是学校老师的意见。父母偶尔还得

自然养育之道：不一样的挪威教养

搬出"老师说……"，他们才勉强愿意照办。

1997年，挪威政府修正了十年基础教育制，其中包括全国统一的学生入学年龄。之前的挪威小孩7岁才能入学，现在6岁即可申请进入小学。理由之一是由于当时挪威男女渐趋晚婚、晚育，而出现的高龄化社会迹象。提早让小孩入学，是为了早一步培养下一代的独立自主能力。这项教育改革，尤其获得了"老爸爸""老妈妈"们的支持。

挪威基础教育共分10个年级。一年级到七年级的学生年纪为6～12岁，属于小学（Barneskole）阶段；13～15岁则分别就读八年级到十年级，为中学（Ungdomsskole）阶段。但严格说来，挪威学生在七年级以前仍受"快乐童年"的政策保护，少有课业负担，生活堪称无忧无虑。他们至少要升到六年级，也就是11岁之后，才会开始接触九九乘法表。有位中国台湾小女孩在9岁时随父母移居挪威，由于四年级就懂得用九九乘法应付数学考试题目，同班同学一度集体向老师反映，认为她有"作弊"之嫌。

埃米莉有一回兴冲冲地向我介绍她的小学新生活，课表上的音乐课、手工课、美术课、体育课几乎占去每天大半的时

第三章 基础教育：独立人格

间。在课余活动时间，埃米莉可以自由选择学校里的画画课或积木课，直到下午4:45分放学。课程安排似乎多偏向玩乐性质，但对埃米莉来说，每个环节其实都是一种学习过程。

除了正规的上课时间，埃米莉所就读的学校每周二会将一年级到三年级学生的上课地点转移到邻近的图书馆，由老师指导学生借阅馆内读物，逐步认识图书馆的资源，以及熟悉使用规则。周三则固定从事户外活动。有时是到森林里健走，有时是到湖边嬉戏，或是到深山里滑雪。不论晴雨，也不论艳阳高照，还是春寒料峭，到了周三，绝对不会有人留在教室里。

户外教学其实就是挪威校园教育的延伸，学生们经常走出校门，到街上去认识环境。例如学习交通标志和各种招牌标示的意义、辨识建筑物的年代和风格，学习搭乘大众运输工具。比较特别的是，老师偶尔还会安排大家前往班上某位同学家里，进行家庭访问。

每隔一段时间，当我坐在公交车上百无聊赖地对着窗外的景色发呆时，就会突然被一阵叽叽喳喳的笑闹声拉回神来。挪威小朋友乘车比较遵守秩序，只是偶尔也会见到小男生、小

自然养育之道：不一样的挪威教养

女生穿着连身雪衣，随性地躺卧在走道上，不过还不至于造成旁人不便。校方通常会刻意安排高低年级一起出游。如此一来，年幼者便可以有年长的哥哥姐姐做榜样来观察和模仿。

此外，小学生的体育课程可以自由选修，足球、手球、乒乓球、滑雪和溜冰等等，不一而足。埃米莉对球类运动向来不感兴趣，于是她选择了体操课。对于一个坐不住的小女孩来说，体操课翻滚跳爬的动作刚好如她所愿。总而言之，挪威小学的初期阶段，重点并不在快速地学习语言、算术、自然科学或者道德教育。学校的功能重点主要在协助学生多方探索，亲身体会和观察周遭的人、事、物，以从中获取粗浅的知识概念。再通过系统的实验计划和操作机会，比如每周三的校外教学，去强化和印证个人的生活经验。

当埃米莉把老师布置给她的"本周家庭作业"摊在我面前时，坦白说，假如那也是娜拉未来要面对的事，我一时间还真不知是该替她感到高兴还是忧心。作业内容不过是要求学生读完一个五页篇幅的故事，进行简单的英文字母练习和计算一道算术题。算术的题目则是：以下（分别以图画显示，例如两个苹果和三根香蕉）谁是"5"的朋友？（正确答案为两者相

第三章　基础教育：独立人格

加为 5 的骰子）一年级小学生居然还在回答如此简单的问题！

13 岁以前，他们只会学习简单的加法和减法，这也许对出门买块面包已经够用，但对照我们这一辈的小学生活来讲，难道不会过于轻松？我问埃米莉会不会觉得这些功课对她来说简单了点儿？她回答："是不难。但老师说我们有 10 年时间要待在这所学校，所以六年级以前（小学和中学之间的过渡年级），把时间用来多玩一点儿也没关系。"埃米莉的妈妈在一旁附和补充道："小孩子就是要多玩耍，否则就是枉费童年。"

挪威当初的教育改革，除了降低入学年龄，并立下了一年级到七年级的教育方针。将这个阶段的学习原则定为"让小孩子做他们感兴趣的事"，且务必让所有学生都不会害怕上学。[1] 至于学校里原先任何形式的处罚，也会全部被排除在外。一直要到六年级以后，学校才会针对上课迟到、缺课的学生予以适当的警告。20 世纪初期的挪威，行为不检的少年甚至会被父母送往离岛的感化院，去接受隔离教化。那个年代的挪威执行权威高压管教的方式，比起我们曾经有过的校园里的惩罚，可谓有过之而无不及。挪威教育也是经由数度转型，才

---

[1] 学生在八年级（13 岁）以后，按挪威教育体制进入中学阶段。上学不再仅以体验生活为核心，课程设计也开始注入更明确的学习目的。

自然养育之道：不一样的挪威教养

成为今日的儿童天堂。[1]

我相信对挪威小学如今"无为放任"的教育政策感到困惑的，不会只有我和葛罗莉亚。根据挪威社会研究所（Institutt for Samfunnsforskning）2014年的年度统计报告显示，每年有上百名挪威小孩被送往其他国家就读小学，其中大多来自外裔家庭。他们的父母经常抱怨挪威小学教授的知识实在太少，课业太轻松，校园纪律松散，完全看不出小孩知识程度的增长。因此，这些爸妈心一横，干脆把小孩送回自己家乡，去接受传统的填鸭式教育。

这其中有些是已取得挪威国籍的索马里、肯尼亚、巴基斯坦和埃及等外裔家长，他们觉得挪威的小学生活实在是轻松得有些不太对劲。按照普遍的认知，这些家长自己原生国家的发展程度远远不如挪威，但对挪威的教育毫无信心。他们早已习惯于小学生就该背着沉重的书包上学，每天都有做不完的家庭作业，循序渐进地学习繁复的知识，累积背诵各种各样的教材。学校有义务对小孩的教育负主要责任，而家长的职责就

---

[1] 挪威的小学和中学阶段，教学的目的在于强健学生的心理健康和促进体能发展，并授予实用的生活常识，使孩子们的所学成为有用的技能，从而帮助自己独立，循序渐进地成为一个有自理能力的人。学校的职责，是提供广泛的知识，让学生自由学习。并强调老师和学生、学校和家庭之间的关系应建立在合作的基础上。

第三章　基础教育：独立人格

是鼓励和引导小孩走在勤奋学习的路上，等待有朝一日出人头地。再者，这些外裔家庭不少是挪威社会中相对弱势的群体，他们生怕自己的子女未受到积极的栽培，长大后条件、能力不足以和当地人竞争，进而无法在挪威社会取得有利的经济地位。而眼前挪威放任、松散的十年基础教育，实在有违他们的期望。

同样的，即便是土生土长的挪威人，对当前的教育政策也不乏持怀疑态度者。他们认为其过于简易、浅显的教学内容，也许能帮助多数小孩在毫无压力的心情下出门上学，但终究无法满足其中学习能力较强、吸收知识较快的学生的学习欲望。有些小孩子的知识水平也许早已超越周遭同龄的小朋友，却还得跟着所有人一起迈着缓慢的步伐前进。于是，一些学习能力较强的挪威小孩，纷纷被父母送往国外念书，例如美国、英国或德国，或者转学到当地学费昂贵但看得到实际学习效果的国际学校。至少不能让自己小孩的语言发展输在起跑线上。就连挪威王子哈康（Haakon Magnus）也把自己10岁的爱女英格里德·亚历山德拉公主送往奥斯陆国际学校就读，舍弃了当地环境舒适惬意的公立小学。

自然养育之道：不一样的挪威教养

在不调整当前小学教育内容，同时不增加小学生额外负担的前提下，一些关切挪威小孩日后竞争力的父母，几度游说政府再次降低小学入学年龄，让小孩5岁就可以离开纯粹以玩乐为本的幼儿园。但包括挪威教育协会（Utdenningsforbundet）、学生组织（Elevorganisasjonen）和家长教育委员会（Foreldreutvalget for Grunnopplaringen）等民间团体，都齐声反对这项提议。

一来，这些组织相信最适合5岁儿童心智年龄的教育环境还是既有的幼儿园。在正式上小学前，尽管看上去他们都是在玩耍，但幼儿园其实已提供给这个年纪的小孩足够的学习机会。况且，至少在挪威社会，还没有一份可为佐证的报告能证明提早进入小学，将入学年龄从7岁降低为6岁，这样的学习效果比较好。也没有人知道"赢在起跑线"这件事，到底能不能为小孩的未来创造更大的竞争优势。降低小学入学的年龄门槛以弥补童年学习内容不足的呼声，最终在多数家长、学校的反对下不了了之。

不可否认，确实有些家长担心智商稍高的孩子无法在挪威齐头式平等的教育制度下得到充分成长的空间。但挪威社会至今普遍关切的，则是若有小孩跟不上他人脚步，导致其自尊

第三章 基础教育：独立人格

受损，是否将直接影响到这个小孩的心理健康。比起让少数个人才华早一步展现，避免有人因为先天条件不足而遭体制淘汰，也许才是学校存在的目的。当我们看清挪威基础教育的本质核心，就不难理解为什么挪威的小学教育，常年以来很少为了少数资质较好的精英而进行变革，例如设立实验班等，因为他们永远只想着一件事，就是如何创造出一个尽可能满足多数人的教学环境，让学习缓慢者也能安心自在地上学。

快乐学习和增加学问两件事看似有些矛盾，许多欧美教育专家也曾试图找出两者的平衡点。只不过在这之前，我们是否应该先弄清楚，一个6岁到10岁左右的小孩究竟需要具备什么样的学识基础，才有助于日后展开更深入的学习。一如挪威人强调的，如果从小没能培养孩子健康的心智、开朗的心胸和独立的思考能力，他们怎能施展自己的才华？当联合国教科文组织屡屡评鉴挪威学生的平均素质，皆属世界前列时，也许正说明了当下他们轻松愉快的求学之道未必没有可取之处。

重新检视埃米莉的课表和家庭作业，我似乎了解了挪威教育的取舍标准。他们注重小孩的经验学习，习得的知识多半能贴近个人日常生活。小孩一岁就和父母分房睡，两岁开始自

自然养育之道：不一样的挪威教养

己拿着汤匙吃饭。往后的每个阶段都会累积出一项足以自理生活的技能，包括穿衣、穿鞋，甚至滑雪、游泳和骑自行车，其中穿脱挪威厚重的连身冬季大衣，对小孩来说难度颇高。挪威小孩的很多行为举止，比如自信地陈述个人的主张和意见，热衷于尝试新鲜事物，在上小学前就已表现得有模有样。

更重要的是，有时挪威小孩也会表现出其他一些个人学习成就，比如比其他小孩更早懂得自己穿鞋子，可以用更有逻辑的语言和大人对话，生活自理能力优于平均水平，等等。这些让人为之惊叹的成长表现，却很少博得旁人"好聪明""真是天才"的赞誉。套句挪威家长的惯用语："童年有限，他们其实不必急着长大。"

"小孩被允许作为一个小孩"几乎就是挪威小学教育的标准训词。主要用意是为了给小孩的大脑留一些想象的空间，不要让早期一些填鸭式的记忆，塞满或阻塞了他们潜藏于内在的创造力空间。比起成绩单上的分数，创造力好像不那么具体，甚至有些抽象，我们却不难从挪威社会的各领域中，推演出这个国家真是创意十足的结论。

"不要让孩子的童年过得太过匆忙。"这是挪威官方自

第三章　基础教育：独立人格

1997年执行教改，到十年之后重新检视基础教育内容时，在总结报告里的第一句话。他们把这句话视为挪威教育的点睛之笔。和埃米莉的一年级生活大致相同，索菲亚、凯蒂、仙娣和乔瑟夫的校园活动也都是色彩缤纷而充实的。他们从来不会被繁重的课业压得喘不过气，不会为了学习五花八门的才艺而疲于奔命，也无需时时刻刻处在少学一分就落后一步的紧张状态中。站在我的角度看，他们也许在学校学习到的某些知识少了，但他们确实是无时无刻不在吸收新的知识，包括体能的、音乐的、自然界的和生活上的。他们整日游走的"校区"，有时甚至涵盖了整座城市。

我个人的求学经历，在小学阶段就已经有了成绩排名的压力。我们再怎么样也不可能无视考卷上标示的成绩和排名，并以此评价我们智商的优劣。挪威小孩则在快乐学习中，更多地保留了一段转瞬即逝的美妙童年时光。

从埃米莉喜滋滋地和我讨论上学的经验来看，我相信她不是成天无所事事，毫无长进地在小学消磨时间。未来，或许娜拉也有这么一天，能以同样的心情，脸上带着灿烂的笑容，放学一回家完全不理会我正忙着的手边的稿件，聒噪地

自然养育之道：不一样的挪威教养

拉着我，讲她鲜活有趣的校园生活。

第三章　基础教育：独立人格

11. 做自己，自我抉择

你是个什么样的人，想成为什么样的人，都不是学校、父母该为你设定好答案。安琪告诉我，挪威老师就是这么教育他们的。

娜拉一岁生日时，即将从十年级毕业的安琪送了她一本立体插画书。那是安琪自小的珍藏，书一直保存得相当好。但一交到娜拉手上，立刻就被撕破了一角。安琪耸耸肩不以为意，她看多了顽皮、爱惹麻烦的小孩，即使是班上和她同年龄的同学，其中一些也未必比娜拉守规矩。

在自由、放松的学风下，当然不可能期待每个挪威小孩都像天使一般乖巧伶俐。安琪甚至会以"野蛮"来形容班上不受管教的同学。他们有的会在上课时间推挤嬉闹，或者旁若无人地戴着耳机听音乐；也有的人会在教室后面扭腰摆臀地随性跳舞，百无聊赖地拖拉课桌椅，只为发出吱吱嘎嘎刺耳的

自然养育之道：不一样的挪威教养

噪音；甚至有人会突然冲出校外，拦下一辆沿街叫卖冰激凌的 Diplom IS 货车，一口气买下数十支冰激凌请班上所有同学吃。被禁止使用体罚的挪威老师面对少数捣蛋鬼的反应通常是无可奈何。竟还有学生突发奇想，在教室里燃烧原子笔、笔记本，并辩称是为了做一项科学实验，即便当时讲台上正在进行的是社会课。

政府社工前往调解学生的无序行为，甚至警察找上门的例子在挪威已见怪不怪。所幸身处偶尔失控的教室，安琪似乎没有受到太多干扰。当她向我转述这几位同学的恶行劣迹时，心态就像是刚看完一部喜剧片，说着说着还一度笑得合不拢嘴。她自小以当医生为目标，她的老师们也相信她日后将大有可为。那犹如马戏团般喧哗吵闹的课堂，从来没有损及她个人已笃定的志向。

"你知道吗？有时候我们老师还会故意说错话，或者故意开个玩笑，测试到底有多少人在专心听他讲课。"安琪说，有一次自然科老师原本是以正经八百的态度在解释某个科学现象，但做结论时却突然丢出一句："好的，综上所述，我们得出的最重要的一点，就是现在大家立刻从窗户跳出去。"说完

第三章　基础教育：独立人格

还刻意停顿半晌。数十秒过后，已经神游四方的学生才发现不太对劲，交头接耳地相互探问："你听到他说什么了吗？跳窗？他在开什么玩笑？"

假如有一天娜拉也开始在当地上小学，我想我不会天真地认为挪威校园会如同他们头顶上的天空那般清澈无瑕。但我似乎也不会过于担心学生时代的"麻烦人物"会成为她日后的绊脚石。至少安琪是这么安慰我的："他们有他们的人生，至于我，不也如愿进入了自己最想就读的高中了嘛！"

"不放弃任何一名学生。"这句早已如古人口中至理名言的话，要把它套用在实际教学中，则从来不是件容易的事。我们却在21世纪的挪威，亲眼看见当地教育正努力地沿着这条路走着。从安琪口中知道挪威摇滚乐界有位名叫哈拉尔森（Edvard Haraldsen Valberg）的超级巨星，他所筹组的乐团"蜜糖小孩"（Honningbarna）名声响亮，相当受年轻人喜爱。但哈拉尔森在安琪这个年纪的时候，他的学业成绩可谓一塌糊涂。我们无从得知他求学历程的全貌，不过，他自小患有严重的注意缺陷多动障碍（ADHD），外加肾上腺素分泌过盛，要他乖乖坐在教室里听课，对他来说应该相当痛苦。以他的情

自然养育之道：不一样的挪威教养

况，自然不可能是学校里品学兼优的模范生。

不过，或许是挪威式的教育模式，使得学校的存在另有目的。例如除了传授学生知识技能之外，它极其核心的一环，就是鼓励每一个学生在成年之前，都能拥有充足的自信，并清楚地认识自我。十年基础教育对学生的意义，并非只是为了筛选出好学生，帮助他们未来申请到一所好大学，以为从此一帆风顺，毕业后顺理成章地领取优厚的薪水，享受高水平的物质生活。挪威学生无论学习表现优秀与否，从来没必要按照标准制式的模板去评价、衡量自己到底符不符合社会或父母的期待。于是，挪威校园也就很难有"好学生"和"坏学生"的分别。学校的作用，正是为这些经常被视为"麻烦制造机""讨厌鬼""调皮蛋""不受教"的小屁孩，在各种可能的路径中找到适合自己的出口。

结束十年基础教育后，哈拉尔森最终舍弃了进入以升大学为主要目标的普通高中。在校方建议下，他选择了家附近的一所专门教音乐、舞蹈和戏剧的艺术学校延续学业，毕业后再转至城市里的音乐学院选修大提琴。在那所学校里，哈拉尔森不会被要求必须乖乖地坐在椅子上，或者闭上嘴巴专心听讲，

第三章　基础教育：独立人格

反而会受到鼓励，可以尽其所能地制造"噪声"。数年之后，他在舞台上以浓浓朋克味的表演很快在挪威摇滚乐界闯出名号，被誉为少见的音乐奇才。

你是个什么样的人，想成为什么样的人，都不是学校、父母该为你设定好答案。安琪告诉我，挪威老师就是这么教育他们的。在挪威教育体系之下，基础教育不过是提供各种可能的渠道，尽可能让学生尝试，或者自我检测，一步步勾勒出个人未来的轮廓。按照一般人的观点，对一个十来岁的小学生或中学生而言，放手难道不是一场冒险的赌注或实验？但这个国家的人们，总是相信他们的下一代必然拥有足够的判断力，可以在人生的道路上自我抉择。

挪威校园并非政治议题的禁地，只是身处历史变化多端的欧洲社会，挪威有先天优势的地理位置，让学生去探究不同国家的基本特征和异同。同时体验不同时空背景下，一个国家的政治氛围如何影响其经济发展，乃至左右了画家、作家、建筑师和作曲家的创作风格。挪威老师也的确被要求必须以不带价值批判的方式，让学生自行思考，并自我决定观察的角度。

自然养育之道：不一样的挪威教养

跳脱政治范畴，关于死刑的论证（挪威无死刑，但社会上仍多有讨论）、堕胎或同性恋婚姻合法化与否，这些充斥着两极意见的争议话题，也陆续出现在中学后期的课堂上。挪威老师只能站在中立的立场，让学生取舍个人信服的道理。

"学校的角色是促进知识的自由传递和文化的相互包容。"这是挪威基础教育的原则和根基。如果这样的教学气氛普遍存在于挪威各地校园，我们或许可以更加理解挪威人今天的外在表现：为什么民众可以如此冷静而讲道理。尤其这个国家党派杂多，尽管人人皆有根深蒂固的政治立场，但又少有自以为是的偏执。我相信他们的政治信仰多是经由思考而来的。因为理智的根苗，很可能在他们年幼时的十年基础教育课程中，就已受到了良好的培育。

安琪的校园生活激发了我对挪威教育的好奇心。为此，

第三章　基础教育：独立人格

　　我还特别约访了就读于另一所学校的苏珊娜，得到的信息有高度的一致性。苏珊娜的老师曾在课堂上告诉自己的学生："你们每一个人都是独立的个体，没有必要为了满足别人的眼光而扭曲自己。"苏珊娜说，把这句话执行得最为彻底的，其实就是他们学校的校长。他们学校那位女校长总是天天穿得像个喜剧演员，每隔一段时间头发就会染上不同颜色。这位校长曾经以粉绿色外衣搭配鹅黄色短裙，顶着一头红发，颈部系上铃铛，再套上紫色长袍，大方地在学生面前亮相，却没有人觉得她发神经。学生们都很喜欢她，理由当然千奇百怪，又或者大家其实心里都明白，这位校长为了身体力行"做自己"，果然是用心良苦。

　　关于安琪和苏珊娜这个年纪所接触到的挪威教育，很重要的一个环节在于建立"每个人都只需要扮演自己"的观念。也许不是每位学生都能快速获得启发，顺利找到人生的努力方向，或者年纪轻轻就能远眺自己的未来是什么样的。也许有人领悟得快、有人理解得慢，即使是课堂上调皮捣蛋的那群学生，我们都无须质疑他们能否为自己开辟出一条有别于他人的道路。就像曾被视为校园头痛人物的哈拉尔森，如果要他勉强

自然养育之道：不一样的挪威教养

自己做像安琪、苏珊娜一般乖巧的学生，今天的他恐怕早被遗忘在社会的某处角落了。

看着娜拉，我语重心长、默默地对着她允诺："'我会尽可能丰富你的世界。我也许会不由自主地设想你的未来，但绝不会期盼你能满足我的设想。你也无须去讨好所有人，包括我。不要为了成绩、分数冲刺，而应为了你所相信的价值。至少，你要懂得开心地过日子。'这是挪威老师对一名13岁的八年级小朋友曾说过的话。离开挪威，我始终将此铭记在心，因为对你来说同样适用。此外，我也会努力避免以我个人过去有限的经验，限制住你任何可能的发展，或者企图把你变成另一个我。"

第三章　基础教育：独立人格

12. 在自己擅长的道路上，走好每一步

　　我们需要有人造桥铺路、盖房子，也需要记者、律师、医生和科学家，如此才得以建构出一个有效运转的社会。

　　当我们把挪威教育的焦点放在无压力的成长、快乐地学习和做自己时，我相信很多人可能会误以为挪威父母不在乎子女的人生前途，或者学校的功能好像只是提供团体娱乐。实际情况不是这样。

　　一个人将来想当医生、科学家、画家、音乐家、运动员、工程师、厨师或理发师，本就是各人有不同的发展轨迹。从幼儿园开始，至十年基础教育结束，挪威学校的角色其实有如一组分流机制。通过不同阶段的训练，逐一帮助学生发现各自的天赋本领，而后再协助他们朝那条属于自己的道路前进。

　　绝大多数挪威学生在结束基础教育之前，或多或少都已

自然养育之道：不一样的挪威教养

能预想出自己成年后的角色位置。一旦子女有能力掌握自我方向，父母就无须太过担忧他们未来有没有出息。这是挪威校方和家长们关于育儿之道的共识。因此，挪威小孩在"15岁"这个年纪就自知责任重大，必须为自己即将迈入成人队伍而做好周全的准备。

以当医生为目标的安琪，最后如愿进入了奥斯陆大教堂学校（Oslo Katedralskole），那是通往医学院必经的前哨站。这所拥有数百年历史的古老高中，曾造就出无数国家精英。长久以来，奥斯陆大教堂学校即以"为积极的学习者提供最适当的环境"著称。近代挪威多名政府高官、国会议员、科学家和经济学家，都曾受过奥斯陆大教堂学校的栽培。其校训"读书的目的不是为了学校，而是为了丰富自己的生活"（Vi larer ikke for skolen, men for livet），依旧是典型的挪威风格。

安琪是在九年级即将升十年级时，收到了学校开出的一张清单，上面罗列了挪威各地不同高中的简介。有些高中主要吸引对科学、医学、理工有兴趣的学生入学，有些则以具备文学、历史、政治专长为条件。当安琪告诉老师她未来想当医生时，老师便从中为她挑出了合适的选择。学期结束前，再安排安琪参访那几所学校，这是挪威学生九年级后的重要一步。

第三章　基础教育：独立人格

同样的步骤，进入十年级时将再循环一次。这是顾及有些学生或许志向会稍有调整，于是校方让他们在十年级时重新斟酌，转而争取到不同的学校参访体验；或者经过一年深思熟虑，有的学生对最初的抉择越发笃定。安琪说她之所以想当医

自然养育之道：不一样的挪威教养

生，应该是从小受到日本漫画家手冢治虫《怪医黑杰克》的影响。一开始我有些诧异，这也能算是理由？但学校老师却不认为此类动机毫无参考价值，还鼓励她"不妨就以此当作努力成为一名医生的动力"。安琪两度参访奥斯陆大教堂学校，里面再也没有调皮捣蛋的学生，举目所及都是安分守己的"同类"，于是升上十年级的安琪不改初衷，非这所学校莫属。

我不敢确定，如果有一天，当娜拉告诉我她未来职业的选择是受到某本漫画书的启发时，我是不是会认为她太过天真，考虑有欠周详，然后直接驳回她的意见，请她三思而后行；又或者，我会提早一步为她筛选出漫画内容和所有读物，以避免她产生偏差的愿景？

假设她的目标和我的意见并未冲突，我是不是会就此和她针对这项职业，更具体地衡量其利弊，比如工作地点、时间、环境、待遇和前景。还是我会十分怀疑一个15岁大的小孩究竟搞不搞得清楚什么是自己未来喜欢的工作。

这样独特的教育环境，如何确保一名十年级学生，能以个人青涩的思考去面对复杂深奥的成人世界？我们很清楚《怪医黑杰克》的故事情节是何等超脱现实。医院、诊所里每

第三章 基础教育：独立人格

日上演的真实医患关系，社会上任何一类医师的工作，都不可能与这部漫画的情节吻合。那位老师或许该敲敲安琪的脑袋，因为她的好多想法似和一个5岁大的小男生在儿童乐园玩了几趟海盗船就说自己将来想当船长一样，好像只是童言童语、突发奇想。

不过，我终究没有给安琪泼冷水，而是决心好好读一部讲述挪威十年基础教育的报告书。如此煞费苦心，当然是想了解这群挪威人究竟葫芦里卖的什么药。如果娜拉真的需要在这里就学，我真能放心把教育小孩的重责大任托付给他们吗？

直到看到这部报告书中的一段关于"工作"一词的定义，我才意识到我似乎忽略了某个环节。挪威教育并非完全无视学生未来的出路——好像认为不必努力，就可以无忧无虑地过日子；从小到大只做自己开心的事就好，从来不需要顾及现实生活。仅仅几段文字就已清楚地表明了他们其实另有教学立场。报告书中提及，关于学生未来工作、职业的选择，挪威教育主要的目的在于让学生理解"工作的意义不只是为了养家糊口，还是个人性格的自我检视。教育的过程，应该让学习者认识世上不同种类的工作，并赋予他们必要的知识和技能，以便让学

自然养育之道：不一样的挪威教养

生有机会借此表现自我"。

既然工作是为了表现自我，我们就又回到了挪威"做自己"的课程章节。当地学校教育的程序，多是让学生先认识自己的长处，找出自己的兴趣，再以此转换成想要胜任某种职业的动力。但在这之前，学生需要先知道自己究竟是谁。结束基础教育之后，就是为了实践目标持续培养有用的技能。

安琪的老师所察觉到的，应该不是《怪医黑杰克》本身究竟能否给一个有心从医者带来正确的知识，而是安琪确实被它的故事内容所触动，进一步对浩瀚的医学世界有了高度的热忱，确保了这份工作在未来不会与其本愿相抵触。

苏珊娜的选择和安琪大不相同。十年级毕业后，她不想就读为升大学而设的普通高中，而是希望进入地区艺术学校。因为她将来想当一名以画画为业的工作者。在苏珊娜做出选择之前，学校老师只告诉她："未来的'工作'将占去你人生的大半时光，因此，请务必找出一个会让你每天都期待去上班的职业。那么，无论你想做什么，都好。"

自八年级开始，基础教育的课业逐渐加重，课堂考试频率也跟着提高。一年至少有一次冬季考试和春季考试，考试的成

第三章 基础教育：独立人格

绩关系到十年级毕业后能否顺利申请挪威高中（Videregående Skole）。另外还得额外下功夫准备口试，它将检测你是否具备一名高中生该有的意见表达能力。

安琪说："我的成绩好，选择当然就多。所以我是为我自己的未来而念书。"我转过头望向娜拉，开始沉思。究竟要在什么样的教育体系之下，你才会在15岁的时候说出同样的一番话？直到进了高中，安琪和妈妈之间仍有许多小女生和母亲间独有的亲昵举动，就像娜拉对葛罗莉亚撒娇的模样。但当安琪有条不紊地为我解释挪威教育的细节过程时，又显得谈吐稳健，俨然已经是个成熟的大人。

当然不是所有学生长大后都想当医生。奥斯陆大教堂学校虽然校誉崇隆，却也不见得能对所有学生产生吸引力。自从基础学校毕业后，在罗阿小镇（Røa）谋得一份汽车修理技师工作的亚力山卓，当初便毫不迟疑地选择了挪威技职学校（Yrksfgliuje）就读，而非填写如安琪所念的普通高中（Studiespesialiserende）等志愿。基础教育抵达终点，由此开散出分支。一部分学生热爱学习专业技能，如花艺师、农牧管理员、厨师、车厂和房屋技工，就转往技职学校；想升大学者，

自然养育之道：不一样的挪威教养

便会填选普通高中。

我们或许又会陷入另一种传统的观点和评价中，认为职业技术工作是"不爱念书的学生"的救生艇；而念普通高中，未来有望升上大学者，皆为准社会精英。因为安琪，我认识了和她一起上围棋课的两位棋友艾文和史蒂芬。这两人从幼儿园开始就是莫逆之交，而成年后彼此不同的发展路径，又给我们深入理解挪威模式提供了鲜明的例子。

艾文从小对计算机爱不释手，求学期间成绩奇差，对升学之路兴趣匮乏。高中毕业后立即向当地一家小型计算机公司投递了简历，几年时间已一跃成为日进斗金的计算机工程师，我们初次见面那天他刚满28岁。与他同年的史蒂芬当时是奥斯陆大学的语言学系硕士生，除了母语之外，史蒂芬还能熟练地使用英语、汉语以及日语。

这两位朋友的收入所得有着明显差异，这却没有让史蒂芬感到困窘。他在拆解不同国家语言的文法结构时，最为满足也最为自信。"成就"两字的刻板定义在他身上重新改写。然而仅有高中学历，也没有让艾文出现社交障碍。他和几位高学历的朋友往来时，从来都是神态自若，不会因为自己学历不高

第三章　基础教育：独立人格

就在人前自降一截。他热衷于编写计算机程序，知识基础多靠自修。他的满足感和成就感来自把个人的兴趣成功地进化升级为谋生的技能。

艾文和史蒂芬这两人际遇的不同，阐释挪威教育的一个方针，即"教育的目的在于挖掘学生的天分和兴趣，以此成为他们自己未来的事业基础"。艾文始终走在自己擅长的道路上，多亏基础教育阶段他没有被归类为差班学生。这让他少走了许多冤枉路，有机会早一步实现自我价值。史蒂芬挑选冷僻的语言学研究所，显然他不是很在乎语言天分能为自己带来多少收入。

天真之余，我们也不能忽略挪威文化底蕴里的北欧民族的务实性格。教育范畴也是如此。在挪威社会的人才培养观念中，学校向学生投射出的讯息是："我们需要有人造桥铺路、盖房子，也需要记者、律师、医生和科学家，如此才得以建构出一个有效运转的社会。"如果我们在乎国家的整体发展，那么，真正务实的教育，就是尽可能为这个国家培养各式各样的人才，而不是穷尽教育资源，只为了以一套"成功人士"的模版和途径，不断复制出持同一类价值观的人，并剔除不符合游戏规则的"失败者"。

当教育的过程受到了功利主义的引诱，最大的危害就是逐渐模糊掉个人原有的天赋和志趣。热情、兴趣若不存在于工作之中，对挪威人来说，这是很可怕的事。

绕了一圈，我又开始重新假设娜拉拿着一本漫画书，告诉我她想成为里面的主角，并以此当作以后的工作目标。如果她当时是一名十年级的挪威学生，一个接受过独立思考训练的青少年，一个懂得处事怀抱热情、兴趣更胜于利益的孩子，我想，我应该会很欢喜看见她满心期待地用她自己喜爱的方式去经营自己的未来。

13. 挪威学校的工艺课

在这个高度平等的社会，很少人会有衣来伸手、饭来张口的奢望。很多事情必须自己来，或者和其他人合作。无论男孩、女孩都得学习做菜、缝纫和织毛线。

第三章　基础教育：独立人格

又到了十年一度的房屋整修期。在挪威，由于平均屋龄高，住户约十年就要进行一次整修。朋友马丁请已上大学的儿子约翰回家帮忙。老爸这次交给儿子的任务，可能比约翰小的时候稍微重一点儿。约翰得负责整间房子的粉刷工作，包括上下总计三层楼的墙面，以及环绕住家的前庭、后院的年久失修、斑驳掉漆的白色围栏。如此一来，便省下了一笔聘请当地粉刷工人的工资，刚好可用于约翰本学期在市区租屋的费用。

自己动手整修房子，不光是为了减少开销，也是挪威人普遍的家庭生活常态。当地小孩在成长过程中，常有机会在旁边学习父母在家示范的各种手工活计。在成年离家之前，他们多少也在耳濡目染下具备了修缮房舍的基本技能，日后甚至还会通过这些劳动来调剂身心、舒解压力。比如住在卓巴克小镇、已年逾七旬的勇，他在好友马丁找儿子一起粉刷房舍的同时，正好也在着手扩建室外阳台。但勇从头到尾都坚持自己拴梁锯木。太太佩姬认为勇的体力早已不堪负荷这些粗活了，但屡劝不听，最后干脆自己跑去西班牙度假，图个眼不见为净。勇反倒更加自得其乐。

自然养育之道：不一样的挪威教养

我们印象中属于非主流课程的家政课和工艺课，在挪威的基础教育阶段，却被视为训练一个小孩独立自主的核心课程。这和家长修缮房屋的身教，可谓相辅相成。

进入小学之后，挪威学生所受的教育已不像幼儿园时期那般着眼于玩乐，而是尽可能地去提供充分的知识和技术，以便学生在日常生活中活学活用。家政课的设计，从制作简单的饼干、果酱，到逐步引导学生了解各类食物和人体健康的关联，以及学习分辨蔬菜、水果的种类，以及什么样的饮食习惯和生活方式有益于身体健康。

孩子们渐渐懂得了厨房里不同器具的用途和正确的使用方法，以及为什么有必要回收厨余垃圾。从八年级开始，他们就能照着食谱中的步骤尝试着自己做菜。除此之外，男孩、女孩都得在学校里学会缝纫和织毛线的技巧。好友芬恩移居挪威的第十年，收到的生日礼物便是五年级的儿子为她亲手编织的毛线帽，儿子精巧的手艺就是从学校家政课学来的。父母的身教因为家庭生活形态各有不同，教育的内容难免无法全面顾及，学校的功能就在于补其不足。

第三章　基础教育：独立人格

上小学之初，工艺课只是让学生制作装饰用的美工劳动作品。了解了它的知识和技巧后，就进化为利用手边的材料，自行制作居家器物。我到安妮家做客时，餐厅的角落里正好摆着一张木制小板凳。那是她读小学时的第一件作品，如今则是女儿埃米莉吃饭时的专用椅子。尽管年代久远，木制的板凳依旧散发着原木的清香。

安妮家的客厅墙上还挂着一具美轮美奂的铁制烛台，它原来是安妮童年的玩具，经她改造后成了实用的现代化家饰品。制作过程运用了切锯、焊接和抛光等种种我一窍不通的工艺技巧。当我探头望向客厅窗外时，看见沿着后院一处施工

自然养育之道：不一样的挪威教养

到一半的枕木阳台，就随口问道："这偌大的阳台该不会也是你的杰作吧？"安妮说："没错。累死我了，但下回你们来的时候，应该就可以完工了。"

自从移居挪威，我便非常后悔当年总是以漫不经心的态度应付工艺课。事实上老师们对这堂课从来也没有太多要求，经常将它开放给学生自习，或者用于准备下一堂的考试。回溯青春记忆，我甚至不记得自己在那满是奇形怪状工具的教室里，是否留下过一件代表作。如今我可能连设计一把椅子都不知从何下手，偶尔组装瑞典品牌IKEA的家具，已算聊表安慰。

我之所以悔不当初，是因为居住在这个几乎没得商量的高物价国家，很多情况我若能动手自行解决，便可以免去许多不必要的花费。你很难想象小小的疏通马桶这样一件事，当地竟然就要收5000元台币（折合人民币1000多元）。环境使然，难怪多数挪威人总是知道如何更换松脱的铜制门把、压合墙缘翘起一角的踢脚板、修补破损的沙发扶手，以及找出阁楼漏水的原因。也许挪威人并不认为那全都是小事，但非必要的情况下，他们甚少假他人之手。

除去近年来为满足新移居至此的外地人而在各区域建造

第三章　基础教育：独立人格

的新式公寓，奥斯陆的房龄普遍都已超过 80 年。在我居住的弗罗古纳尔区，有一整条街的公寓房龄皆在百年以上。你不能指望搬迁入住的任何一间房舍，都能够常年相安无事，使你高枕无忧。我就是屡屡为了这些老屋子层出不穷的问题而伤透脑筋，最后通通都是花钱了事。然而好友安迪甚至有办法自行拆装房间的一扇铝制气密窗。一星期内，又熟练地铺设好住家地下室 16 平方米左右的木地板，且一并换掉了它通往院子的后门。工程浩大，这岂是偶尔组装 IKEA 家具的人可以办到的事？我对他精湛的技艺啧啧称奇，他则对我凡事花钱请工人代劳感到相当不可思议。

若仔细了解挪威学校工艺课的内容，似乎它又不仅仅是为了传授学生制作桌子、椅子的技术。除了务实的知识技能之外，其实还隐含了一些抽象的训练。例如在动手操作工具之前，他们需要先培养个人对日常生活用品的观察力，并尽可能发挥自己的想象，去创造一个拥有独特风格的居家器物，即便只是一个板凳。我们或许以为，北欧设计品兼具实用性与人性化，是因为设计师大多受过高等教育的专业知识训练。事实上，挪威基础教育赋予工艺课的任务之一，就是激发学生的想

自然养育之道：不一样的挪威教养

象力和创造力，并在引导他们创作的同时，兼顾人们的使用习惯和实际生活所需。一刀划下，就能均匀切割出一片薄薄干酪的切干酪专用刀，正是挪威人发明的，数十年来普遍获得北欧家庭的青睐。它的操作原理看似简单，但在它被发明问世之前，挪威人可没那么容易就吃到薄片干酪。

除了实际动手之外，他们还需要先观摩不同设计师、艺术家的作品，以激发个人灵感，而后将其运用在色彩的调配和造型设计上。于是，学校的工艺教学除了训练挪威人普通的生活技能之外，也使那些出于非专业人士之手的工艺作品隐约带上了点儿艺术成分，比如安妮家的那具烛台。当中有些人也确实受到了工艺课的启发，日后一步步成为顶尖的设计专家，或者投身此地求才若渴的建筑业，以动手盖房子为乐。

安妮和安迪的家，像是挪威学校家政课和工艺课的活教材。每次造访，安妮和埃米莉都会为我们送上她们母女最新研发的烤面包、小饼干或五颜六色的糕点。安迪则野心勃勃，打算自行扩建住家最底层的卧室，其中一项庞大的工程是拆除床头后方的一堵墙。看来挪威基础教育中的这两门课，确实替每个家庭训练出了不少工艺家和美食家。不过，当我以为家政课

第三章 基础教育：独立人格

和工艺课纯粹只是为了协助解决家务事，或者间接触发一个人的艺术潜能时，我发现挪威人的想法其实又不是那么简单。

家政课和工艺课之所以受到挪威学校的重视，主要还是为了培养小孩独立生活的能力。在挪威人的日常生活中，家里厨房的使用率极高，除非是周末假日外出休闲才会在外用餐，因此多数挪威人都得具备一些基本厨艺。这也是每个小孩成年后，准备离家自食其力时，首要具备的本事。学习工艺也是同样的道理。它让挪威人自小建立起自己解决问题的责任感，他们预想每个小孩长大后都会自立门户，或者另组家庭。因此他们有必要为日后的单身生活，乃至夫妻生活做好准备。

在这个高度平等的社会，很少人会有衣来伸手、饭来张口的奢望。很多事情必须自己来，或者和其他人合作。无论男孩、女孩都得学习做菜、缝纫和织毛线。操作榔头、螺丝起子，用扳手敲开桌椅支架的工作，女孩们也不会示弱。这同时也体现了挪威小孩男女平等的教育理念。况且，在制作点心或者炒一道拿手好菜之前，还需要学会购买材料与估算成本。当你试图自己动手修缮桌椅时，你也得衡量为此要付出的代价。于是，在做这些事情的过程中，孩子们间接地学到了财务管理

自然养育之道：不一样的挪威教养

及物价方面的知识，同时也充分利用了家中的既有资源。学习承担责任，体会男女平等——我之前完全没料想到，挪威的家政课和工艺课居然带有这么严肃的内涵。而这确实是挪威教育部设计这两项课程的基本主张。

安琪曾告诉我，申请进入高中时，在校学习成绩是决定被录取与否的依据。如果你有心上大学，打算以奥斯陆大教堂学校为跳板，则九年级起的烹饪课表现最好经常名列前茅。当时我半信半疑，申请进入一所普通高中，怎么还需顾及个人烹饪技术。

如今我终于可以理解，成长于挪威社会的高中生，已是准成年人，如果还没有自行料理三餐的能力，那就无法被视为一个真正独立的人。烹饪课不及格，上了大学恐怕也是麻烦多多。挪威大学生的宿舍并不附设学生餐厅，附近商家多在傍晚打烊，仅剩贩卖食材的超市，在外就餐就等于是和自己的钱包过不去。所幸每个住宿学生都有共享的厨房。如果连简单的意大利面都懒得动手做，那就等着天天饿肚子吧。继续依赖家中父母提供伙食？我想没有任何一个挪威大学生会希望自己被同班同学看作"baby"吧。

第三章　基础教育：独立人格

一岁半的娜拉正值模仿力极强的时期，她会在厨房里缠着妈妈，还会将厨房用品搞得翻天覆地以显示个人的投入和参与热情。在我使用吸尘器清理客厅地板时，她会躲在沙发后面看着我如何操作那头"怪物"。尽管娜拉的初步学习，总是为家里平添混乱和制造反效果，但这不会阻碍我未来教导她修理水管的想法。另外她可能还需要知道如何疏通马桶、刷油漆、换灯泡，或者更换汽车轮胎。厨房里的教育，则由妈妈负责。

我打算传授她在挪威居家生活所必须具备的每一项技能，就像我来到挪威才开始学习的那些事。然后，她就可以像个挪威人，或者说像个挪威女人一样，不用连钻个螺丝孔或换盏灯泡，都要急着催男友前来帮忙。生活上，她终将无须依赖旁人，单凭自己的本事，便足以应付一切。

自然养育之道：不一样的挪威教养

第三章 基础教育：独立人格

14. 挪威教育中的成年礼

挪威举国投入的教育资源，是以训练个人的独立人格为本意的。小孩15岁以后，便可以天高任鸟飞了，大人们无须担心少年就此误入歧途。

娜拉刚出生时，安家的母子三人，是第一批到医院探访葛罗莉亚的朋友。安的女儿鲁娜和儿子赛夏是相差五岁的姐弟，为了谁可以先抱娜拉出现了争执，最后是姐姐礼让给了弟弟。身为弟弟的赛夏得意扬扬，迫不及待地想在娜拉面前摆出一副兄长的模样。

娜拉满月后，我们受邀到安家做客，赛夏依旧对娜拉"爱不释手"，但鲁娜那天似乎在为其他事情烦心，不断进出自己的卧室，或对着餐厅里那面全身镜子端详半天。看得出来她脸上画了些淡妆，穿着显然也是精心打扮过的。安趁机偷偷告诉我们，鲁娜为了晚上即将在同学家举办的派对，大清早就团

自然养育之道：不一样的挪威教养

团转地忙个不停。

傍晚时分，鲁娜匆匆丢下一句"妈妈，我出门了"，正准备踏出家门时，原本在厨房和娜拉玩得不亦乐乎的赛夏立刻冲到姐姐面前，以相当严肃的口吻提醒她："记得哟，爸爸说过，和同学出去，10点以前就得回家。"鲁娜不以为意地说："是这样吗？但妈妈说我今晚12点前回来就行了。"赛夏转过头看了安一眼，安以略带安抚的表情点了点头，意思是姐姐说得没错。赛夏于是抓着妈妈的衣角，瞪大眼睛质问："为什么姐姐可以这么晚回来？"一只脚已踏出门外的鲁娜则仰着头，挑衅地对弟弟说："因为我和你不一样，我已经不是'小孩子'了。"然后"砰"的一声关门而去，留下一脸木然的赛夏。

过了这个夏天，鲁娜将升入十年级，当地法定成人的年纪虽然是18岁，但按照挪威的民间传统，一个年满15岁的十年级学生，便可将其视为成年人。鲁娜那晚参加派对的主题，就是几位同班同学一起"告别童年"。自15岁起，挪威的男孩、女孩，将学习为自己的行为负起责任，不再凡事依赖父母。而独立自主的内涵不光局限于整理自己的书桌、打扫房间，或选定穿着打扮，还需要尝试着规划自己人生的下一步。记得娜拉

第三章　基础教育：独立人格

刚出生那天，医院护士这么告诉我们："从现在开始，你们不要以为生下小孩就可以休息、松懈了，到她15岁之前，你们会有忙不完的事。"当时为了迎接娜拉忙得晕头转向，不解其意，现在终于明白为什么会是"15岁之前"。

从小孩出生到进入幼儿园，而后接受十年基础教育，一个小孩究竟能在学校里积累多少知识，挪威人似乎并不心急，而是将绝大多数时间，用于培养子女生活自理的能力。当地人加之于小孩身上的各阶段成长训练，似乎就是在为他们15岁的这一刻做准备。

娜拉出生后的第二年，汉斯来信告诉我们他恐怕无法参加娜拉的周岁庆生了，因为同一天，整个家族要为他的女儿阿曼达举办成年礼。印象中活泼外向的阿曼达仍是一脸青涩稚嫩，很难想象一夕之间她就被当成大人看待了。

从汉斯和安的叙述中，我们可以发现挪威小孩的成长历程，在细节上也许略有殊异，但大体经验相当一致。幼儿园时期，挪威父母不会替小孩提书包。稍微懂事后，便开始教导他们自己穿鞋子、穿衣服。最麻烦的是要让他们懂得正确地把自己小小的身躯塞进厚重的连身雪衣里。学校老师很少介入

自然养育之道：不一样的挪威教养

3～5岁小孩在衣食方面的行为表现。尽管很多时候他们因为技巧不够纯熟，经常打翻碗盘，或者无论如何都没办法将双手套进衬衫袖子里而耽误了不少时间。但多数家长还是希望老师能放手让他们尝试，否则小朋友可能永远也学不会这些基本的日常生活技能。

汉斯一家属于中高收入的挪威双薪家庭，他们绝对有能力给予子女优渥安逸的生活。不过，和多数父母一样，自阿曼达升入小学后，他们便极少开车接送阿曼达上下学。反而是阿曼达自己踩着滑板车出门，冲在前头，让汉斯在后头苦苦追赶。挪威学校大多位于住家步行可到的范围内，因此八年级后，一到夏天，阿曼达便改以脚踏车作为往返学校和住家的交通工具了。从13岁升上八年级开始，法律开始容许未成年的挪威学童偶尔打些零工，地点多半在校园内的餐厅。工作内容也许是在收银台结账，或者擦擦桌椅。尽管所得有限，但至少他们可以不需要再向父母伸手要零用钱了。

来到挪威之后，我们多了许多机会到郊外游玩。偶尔我们会在挪威的森林里见到摆设在路旁的简陋摊位。有一次见到的摊主是个十来岁的小女孩，她热情地向我们推销自己冲煮的

第三章 基础教育：独立人格

咖啡，桌上同时铺着几片造型不甚美观的自制果酱面包。除此之外，她十分乐意为往来的游客亲手烤上一块热烘烘的松饼。询问之下得知，这孩子是受到父母鼓励，趁着周末假期在森林里为旅人提供简单的饮食服务，以此赚得几枚"铜板"，好拿去买冰激凌。直到今天，挪威家长对这类"模拟式的过家家"仍乐此不疲，并借此教育小孩——有付出，才有收获。

初来挪威的第一年，我打算骑登山车环绕奥斯陆水源区蔓莲湖跑一圈（Maridalsvannet）。在一段山坡道上，我向一名小男生买了块手工小蛋糕。因为人生地不熟，便随口询问这名小男生有没有什么好建议来应对附近错综复杂的车道路线。只见他一脸腼腆，敷衍了几句就草草地把我打发了。两个月后，我又在同一地点遇见他，他与人互动的方式已变得落落大方了。这也是挪威教育的特色之一，永远鼓励学生不断尝试和学习，从而摸索出个人应对外界的方式。即使会犯错，却能因此而建立自信心。日常生活就是最好的学习环境。此地山林广布，对形形色色的旅人而言，小学生摆的摊位就像客栈，而对小学生来说，这也可以很有效地训练人际沟通方式。

环境使然，娜拉出生后我们总是尽可能地采用挪威人的

自然养育之道：不一样的挪威教养

教养方式。这让我们有机会和挪威人站在同样的基础点，去观察自己小孩每个时期的发展变化。也许多少仍受制于过往的思维模式，我们不免还是会因为习惯性的想法而有所取舍。例如冬天把小孩留在室外睡觉，一岁开始让他们徒手抓桌上的面包吃，任由这群小野兽把自己全身上下弄得脏兮兮的，或者在大庭广众之下不加遮掩地给孩子喂食母乳，诸如此类的育儿小节，我们未必照单全收，但关于挪威人培养小孩独立性的教育模式，我们倒是很努力地学习着。

娜拉自满周岁起，对于眼前的世界，就已拥有越来越清晰的认知图像了。关于个人欲望、需求的表达也更加明确。通过玩玩具和简单的游戏过程，她逐渐显露出其独有的个性。她开始学会发脾气，几度任性地把食物丢到地上，拒绝配合我们的指令。她的自我意识愈加明显，一旦某些行为遭到大人的制止反对，她挑战的意图就更加强烈。

无论她究竟听不听得懂，我们开始试着和她沟通，明示她的行为是对是错。我们总是尽可能地坚持原则，按照为她立下的生活规矩办事，当然我们也有不得不退让的时候。挪威人相信，通过和父母屡屡发生冲突来累积一定的经验，对年幼的

第三章　基础教育：独立人格

小孩来说，也是一个有意义的社会化过程。

周而复始地，我们不断重复操作同一件事，度过了无数既疲惫、沮丧又惊喜无比的一天。我们很清楚，付出这一切代价所换得的，必然是她有朝一日能完全独立自主，不再需要父母事事耳提面命。

在挪威基础教育阶段，有一门课称为班长课（Elevrådsarbeid）。那是为那些被班上同学推举为班长的同学所开设的专属课程。各班级的班长每周会固定集合在某间教室，由老师教导他们如何举办活动，以及代表同学表达需求。例如，如果同学们觉得学校提供的伙食太差，身为班长又该怎么代为向校方反映。在挪威校园，"班长"并非老师的小帮手，他们的任务只是传达师长的指挥命令。他们的立场，其实更趋近于全班同学的一方。他们需要学习站在同学们的立场上，代表大家向老师或校方争取权益。这同时也是挪威学生人格独立养成训练中的一环。

此外，在所有学生都会接触到的社会课（Samfunnfag）上，挪威老师的教学内容是侧重培养学生独立思考和自主性。即便是宗教课，他们也鼓励学生自由辩论，课堂上对价值讨论的重视往往多于背诵教义经典。安琪曾告诉我，从九年级起她

自然养育之道：不一样的挪威教养

最喜欢的课程就是宗教课。无关个人宗教信仰，而是她可以在课堂上充分表达自己的想法。

挪威人在许多方面似乎都有着超越年龄的表现。苏珊娜升上十年级那年，曾和妈妈为了个人升学规划有过意见冲突。华裔背景的妈妈，很自然地建议女儿应该以升学为前提来挑选高中，尽可能让自己顺利地申请到热门的大学科系，以便将来找一份有较高社会地位的好工作。但苏珊娜自小在挪威长大，对于个人"前途""人生"和"责任"的认知与妈妈早就有些出入。她从小就爱画画，虽然也弹得一手好琴，但唯有提笔将

第三章　基础教育：独立人格

脑海中天马行空的构想绘在图画纸上，她才会真正感到心满意足。苏珊娜说："我并不是完全没想过一个人就该上好的大学、找好的工作。不过，我终究希望自己能照着心里真实的想法去走。"

几经交涉，苏珊娜的妈妈仍不肯让步。此事后来有了圆满结局的原因，在于苏珊娜最后以十分平和但坚定的口气告诉妈妈："妈妈，以后学校是我要读的，不是你要读的，这是我的人生，请让我自己做决定。"当时苏珊娜的年龄才将满15岁。事后，苏珊娜的妈妈对我说，她很惊讶自己的女儿仿佛弹指之间就长大成人了。"我确实有些怀疑，以她的年纪，能对自己的未来理解多少。但或许我真的该信任她，她说的没有错，那是她的人生。"

就我所知，苏珊娜的妈妈后来还是会忍不住从旁给予她诸多"建议"。比如"喜欢画画，那么，学设计很好啊，要不要学工业设计？"（工业设计较为热门，毕业后容易找到好工作），但至少游说的成分已淡化了不少。苏珊娜则总是一副自有主见的态度，微笑地不置可否。

在成年之前，当然，我所说的成年，是指挪威传统意义上的15岁。这些金发碧眼、外形俊俏的北欧青少年，拥有的知

自然养育之道：不一样的挪威教养

识水平可能确实不及我们当年。我们被强行塞入的数学公式、英语语法、语文课文、历史图表、地理信息和各种理科公式、种种化学元素组合，简直让地球另一端的孩子望尘莫及。但他们个人所表现出的"成熟度"，或许能更好地诠释出15岁的青少年。

可以说，挪威举国投入的教育资源，是以训练个人的独立人格为本意的。小孩15岁以后，便可以天高任鸟飞了，大人们无须担心少年就此误入歧途。

第四章

价值观：和谐共生

15. 道德感源于自我内心做出的判断

挪威学校向来不为学生评价操行，因为量化的操行表现，是无法准确地反映一个人内在真实的道德感的。

我当然知道，以娜拉目前的年纪，根本没耐心听我讲述完任何一个完整的故事。就算她偶尔拿着书凑过身来，好像想要我为她读几段，但看她粗鲁地翻阅书籍的模样，我就知道这个举动纯粹只是一时兴起而已。比起我一人分饰多角、夸张地用抑扬顿挫的声调在她面前表演，那部迪士尼动画片《冰雪奇

自然养育之道：不一样的挪威教养

缘》(Frozen)更能有效地吸引她的注意力。

"讲故事"是当地家庭进行亲子互动的优良传统。通过这些北欧童话、传奇，能看出一个社会所要传递的精神内涵。例如，只要是提及古老维京人的故事，总离不开荣誉和廉正等情操。这也是挪威家庭最爱挂在嘴边的题材。尽管因为时代不同，人们对道德可能会有不同的定义和诠释。但无论哪个时期，挪威人总是很清楚自己是受到什么样的价值观牵引，而培育出属于这座王国的气质。

挪威学生从满10岁、大约五年级起，除了开始了解宗教道德观，还逐步开始认识非宗教的俗世价值。故事就是其很重要的起始源头。当地人所称的"挪威古典人文主义"，多数是从维京时期的吟游诗歌延伸而来的。挪威人借由诗歌、故事和传说中隐含的基础哲学概念，一步步帮助学生认知人性的善恶美丑，并自我评断其对错。

诸如诚实、信任、廉洁、为他人牺牲等种种品德的培养，在课堂上都占有一定的比重。不过其与个人成绩无关，也不影响日后升学。挪威学校向来不为学生评价操行，因为量化的操行表现，是无法准确地反映一个人内在真实的道德感的。重点

第四章 价值观：和谐共生

在于，学生未来愿不愿意将各种抽象的道德概念践行于个人的日常生活之中。

今日挪威的人道、人权组织在国内外都相当活跃，几乎成了挪威的国家品牌形象。这些组织中有很多热衷于人道、人权，并热情投入其中的成员。他们关于人权主义、人道精神的思维理念，很可能是来源于在基础教育阶段听闻类似挪威探险家南森（Fridtjof Nansen）的传奇故事而受到的熏陶。

一次偶然的机会，我在诊所内等候家庭医生替娜拉进行例行检查时，翻开了桌上几本以母亲为封面的过期亲子杂志。其中一则故事，正是所谓挪威古典人文主义的典型代表。

有一位名叫乌当的冰岛人，打算拍卖一头自己亲手捕获的北极熊。在众多北欧领袖争相竞逐下，丹麦国王因为最先联系上乌当而赢得了这笔交易。乌当于是兴冲冲地载运着北极熊，一路从冰岛出发，准备前往丹麦换取报酬。途中，乌当必须先绕道挪威。当时同样十分觊觎这头北极熊的挪威国王哈拉德，特别请人把乌当领进了宫殿，希望能捷足先登，买下这头稀世珍宝。

受到高规格礼遇的乌当却不为所动，明确地告诉哈拉德国王，这头熊务必送往丹麦。哈拉德只好悻悻然地对乌当说："好吧，既然如此，就请你回程时，再告诉我丹麦国王究竟花了多少钱买的这头北极熊。嗯，说不定你会成为一位大富翁呢。"

几天之后，乌当顺利完成交易，回程时依照约定再度觐见了哈拉德国王。

哈拉德国王问乌当："运气如何？卖了那头熊，你从丹麦国王那里得到了什么？"

乌当回答："丹麦国王跟我说了声谢谢。"

哈拉德说："是吗，换作我，我也会这么做。你还拿到了其他东西吗？"

乌当说："是的。丹麦国王给了我一笔钱，作为我接下来前往罗马朝圣的盘缠。"

哈拉德说："他（丹麦国王）还真是个虔诚的教徒。但即使不卖熊给他，他也经常资助朝圣者，不是吗？难道他没有给你更多的东西？"

第四章 价值观：和谐共生

乌当回答说："丹麦国王给我很高的礼遇，还说打算把我写入他们国家的史书中。"

哈拉德说："嗯，这很好，还有呢？"

乌当回答说："除了那笔钱外，丹麦国王另外还送给了我一艘满载货柜的船，一艘我从未在挪威见过的船。这是一种无上尊荣的象征。不过，我其实还得到了更多。丹麦国王又给了我一个皮制的袋子，里面装满了银币。他说，如果这艘船哪天不幸失事沉入海底，我若能逃过一劫，至少不会落得一无所有。"

哈拉德说："真是大方啊。"

乌当说："而我完全没想到，我居然还可以获得更多，我本来以为换得一艘船已经是很棒的事了。"

哈拉德问："你还得到了更多？"

乌当回答说："是的，国王陛下。丹麦国王最后将一只金手镯套在了我的手腕上。他说，一个人也许会因为某次意外失去他所有的财富。但只要能幸免于难，这只金手镯就会一直跟着他。丹麦国王还

自然养育之道：不一样的挪威教养

说，他只会把这只金手镯送给和他自己一样正直，或者更好的人。"

乌当最后恭敬地对哈拉德国王说："国王陛下，今天，我要将这只金手镯献给您，因为当初您其实可以很轻易地就从我手中把那头北极熊夺去。"

这则铺陈简单的故事，通过哈拉德国王和乌当一来一往的对话，倒也相当生动有趣。这是典型的北欧传说，尽管从头至尾没有掺入太多为人处事的言论，但我相信，即使是一名小学生，也能从中领略到哈拉德国王、乌当和丹麦国王当下抉择的道德标准。

曾经有人问过一名挪威历史学家，如果要从古老丰富的北欧传说中挑选一则足以代表挪威传统情操的故事，会是什么，这名历史学家就选取了这则简短的寓言。在挪威校园中，关于学生人格的养成，倾向于协助学生在自我内心做出清楚的判断，而很少直接灌输给他们诸如公平、正义、诚信、清廉、正直等概念。

哈拉德国王当然有足够的权力，强行夺取乌当猎得的北

第四章 价值观：和谐共生

极熊。但他没有这么做，而是希望乌当在回程时，向他报告究竟丹麦国王付出了多大的代价，才足以让乌当不畏眼前的权势，信守着买卖承诺。故事最后在乌当与挪威国王的对话中，抛出了一连串关于金钱、财富和尊严取舍的道理。即一个人若不会仗着自己的权势去夺取个人利益，其人品价值，或许已远胜过一艘船和装满银币的皮袋了。金手镯代表了高尚的品格，一个人即使因为发生意外而损失了财富，人格却会和自己永远相伴相随。

你很难不将长期以高度清廉的国家盛名于世的挪威，和这则传统故事联系在一起。它已不只是儿童读物里的一小段篇章，而几乎是整个挪威社会的道德抉择依据。坦白地说，关于挪威人道德感的养成，我也不敢确定说是几篇童话故事就能产生如此深远的效果。但至少清晰可见的是，历史上每个时期的挪威人，都愿意找出一套当代人共同信守的道德标准，来作为国家运转时的游戏规则。维京时期的公正和荣誉，王国时期的自由、民主和平等，以及现代推举的人权、人道和环保观念，挪威人通过学校教育，使之成为宗教规范外的另一种俗世信仰，乃至成为当地社会的基本核心价值。

自然养育之道：不一样的挪威教养

这些年来，我经常看到挪威人死守着法令规章，固执地决断为或不为。有些是直接涉及守法与否的问题，有些则是夜深人静时对自我良知的审判。维京时代的挪威社会已有了初步的法律制度，但当时从来没有出现所谓的执法者负责执行法令。唯有发现有人被骚扰或侵犯，大家才会以公认的法律规范去惩戒某人。今天挪威街头的警察巡逻频率，相较于欧洲各国仍非常低。多数情况下，当地人的日常生活确实没必要劳烦警察出面维持秩序。当多数人的自我道德规范足以取代繁复的法律条文时，这样的社会似乎要比严格实行律法的国度更加成熟稳定。

朋友中不少人都有过这样的童年回忆。从小被父母以"再不听话，警察叔叔就要来抓人了"这句话恐吓长大。但我们都知道，懂事后，纵然对警察身份略带敬畏，很多时候也未必抑制得了我们偶尔逾矩的行为。

一位在当地任教的华裔挪威老师，为班上一名老是不把饭菜吃光的学生伤透了脑筋。有一次他终于忍无可忍，气得脱口而出："你知道非洲有多少小孩没东西吃吗？你再浪费食物，就叫警察把你送到非洲去。"这名学生虽然知道老师不会真的

第四章　价值观：和谐共生

这么做，但老师毕竟已板起脸孔，便只好半求饶地说："老师，拜托你不要叫警察把我送去非洲。不如你把我不想吃的那些东西，送给非洲小朋友吃好了。"这位老师事后跟我说："看吧，你想拿我们小时候那一套恐吓这群挪威小孩，完全是白费功夫。"其实我们都清楚得很，人类的许多行为反应，很多时候都是受制于个人内心实际的道德感受。警察与惩罚这样的外部控制力，往往只是一时的警醒，若没有内在的良知做后盾，其效果通常相当有限。

离开诊所，13个月大的娜拉除了长得不如挪威小孩强壮外，其余皆无大碍。趁她对儿童游戏区仍旧依依不舍之际，我将这篇冰岛人卖北极熊的故事抄录了下来，或许娜拉上小学后，会对这么一段北欧传说感兴趣。未来，说不定这则故事对她而言，就如同今天对我一样，让人受益匪浅。

16. 成为一个不对周遭冷漠的人

挪威学校除了从小教育学生不应该欺侮弱小外，还向他们灌输着与此同等重要的观念：绝不要在看见有人受欺侮时，认为事不关己而袖手旁观。

感谢老天，娜拉自满周岁起，生活作息渐趋规律。利用她白天午休小睡片刻的习惯，我们幸运地有了充裕时间去享受一顿假日早午餐。她每晚 8 点准时上床睡觉，葛罗莉亚和我甚至还能连续看完一整季的电视剧，例如在挪威红极一时的《利勒哈默尔》(*Lilyhammer*)[1]。

这部连续剧的故事背景，是在奥斯陆北方一座名为利勒哈默尔的城镇，它因曾经举办过 1994 年冬季奥运会而闻名于世。剧情描述了一名纽约黑帮老大，为了躲避杀身之祸，不得不远渡重洋，躲到这个人口不过两万多的北欧乡下小镇。在试

---

[1] 网络上又译为《莉莉海默》，该剧在挪威使用挪威语拍摄。

第四章 价值观：和谐共生

图展开新生活的同时，却发现自己和挪威当地民俗文化格格不入，日常生活中笑料百出。

对我这个外来者而言，其中某些桥段不免让人心有戚戚。但诙谐写实的内容，倒也让人因此更加了解，原来挪威真的就是这么一回事。挪威人并不介意这部喜剧片偶尔会显露出维京民族天真的个性，他们说不定还颇引以为傲。在人文环境高度相似的斯堪的纳维亚社会（包括瑞典和丹麦），他们的行为模式竟是如此独树一帜。这部剧首季开播即在当地创下高收视率。最高纪录有将近100万的观众同时在看这部戏，接近挪威人口的1/5。

其中一处剧情是，这位黑帮老大想要追求一位在利勒哈默尔当地小学教书的老师。这位老师是个单亲妈妈，黑帮老大为了示好，主动请缨去接她儿子放学。一天，黑帮老大开着两人座电动车（挪威曾大肆推广这类电动车，其造型十分滑稽）到学校接老师的儿子。就在他停妥车子等候的时候，撞见了一群小男生在操场一处角落里打打闹闹。凑近一瞧，原来是一群学生正在拳打脚踢那位老师的儿子，小孩的脑袋还被压在雪堆里。最后，是路过的学校老师出面制止了继续动粗的学生。

自然养育之道：不一样的挪威教养

黑帮老大走上前去，想弄清楚学校将如何解决眼前这场纠纷。他劈头就问那位出面调解的老师："这些欺负人的学生究竟是怎么回事？他们会因此受到惩罚吗？"老师谦和有礼地回答道："噢，不会的。我们相信'对话'和'沟通'才是制止这类反社会行为最有效的方式。"黑帮老大皱了皱眉头低声说："是吗？真是有趣的理论。"

小男孩拍掉身上的雪，脸上带着伤且心怀委屈地坐上黑帮老大的车。黑帮老大转过头对小男孩说："你们老师刚刚说的什么'对话''沟通'，都是没用的东西，它不会为你带来任何尊重。你唯一要做的，就是下次再见到那群欺负你的人，立刻朝带头的那个，也就是刚刚穿黄色夹克的那个人走过去，然后你什么都不用说，只需要把你塞满石头的手套砸到他的鼻子上，问题就解决了。"小男孩破涕为笑，仿佛茅塞顿开。

即使整个国家洋溢着和平气息，挪威校园里也难免会出现霸凌的现象。霸凌也许纯粹是青春期旺盛的激素在作祟。在社会越来越显多元的年代，说不定还带有种族歧视的因子。在苏珊娜就读的学校，学生曾主动发起过一场反霸凌行动，很多学生都在反霸凌的广告牌上签下名字以示支持。老师也会向学

第四章 价值观：和谐共生

生倡导，随时都可以通过匿名的方式向校方反映是否有遭到同学欺侮的经历。诚如《利勒哈默尔》这部电视剧里演出的那样，挪威校方的后续解决之道，是以对话、沟通，来取代任何形式的处罚。当然，不太可能会有挪威家长认可那位黑帮老大的见解，要自己的小孩以暴制暴。因为那确实不符合挪威人不擅冲突的民族个性。

分别站在欺侮者和被欺侮者的角度看，什么才是有助于解决纷争的方法？什么又是保护自己的最佳手段？我自己也曾在中学时期被他校学生在放学途中围堵勒索。班上有的同学也曾因为口角而得罪他人，下课时被一群穿着便服的中学生殴打成伤。无论如何，我的看法是，遇到这些事情，任何形式的武力反击，或者对加害者施以严厉处分，通常都比看似"纵容"的沟通、对话，更容易引发难以预想的后遗症。

我不确定假如娜拉在班上遭到同学霸凌，我会不会劝她如我当年一样，消极地隐身在人群中。说不定让她学习空手道会是个不错的主意。在此之前，挪威人的应对哲学，可能会提供给我们另一层思考。当我走访当地的校园探访此事，所得的答复是：一旦有霸凌情况发生，除了加害者和被害者两

自然养育之道：不一样的挪威教养

方，挪威人同时也关切"旁观者"的反应。挪威学校除了从小教育学生不应该欺侮弱小外，还向他们灌输着与此同等重要的观念：绝不要在看见有人受欺侮时，认为事不关己而袖手旁观。

这也许是我们较少在霸凌问题中论及的部分。如果娜拉动辄纠众欺侮弱小，我会相当自责没有把她教育成良善之人。如果她三天两头遭人捉弄、欺侮，以至于对上学感到恐惧，我也会十分懊恼心疼。但假如当她撞见弱小的同学被欺凌却无动于衷，或者害怕给自己惹麻烦而默许了那些行为的发生，我想我会更加不能原谅自己。我究竟是给了她什么样的成长环境，让她最终怯懦地选择以私利、冷漠来保护自己。

挪威教育的每个阶段都有其核心理念、纲领。值得庆幸的是，这个国家的人民虽然天真，却相当注重实际。他们总是尽可能地尝试和努力，不会让学校定下的教学目的只剩下一堆华丽的文字。

例如面对霸凌问题，自基础教育第一年（小学一年级）开始，挪威学校便对学生传递出明确的信息，即每个人都要有"你""我""他"是不同个体的认知。彼此有不同的需求，内

第四章 价值观：和谐共生

在的希望也会不一样。尽管我们在某些阶段会非常依赖同辈人的认可，但我们必须明辨个人行为的对错，同时学习原谅和宽恕他人。懂得人与人之间应该彼此尊重，对待他人要有耐性和宽容。一旦身边出现霸凌、揶揄、嘲弄、取笑或者任何一类的歧视，都是让我们从中学习到更多的怜悯与同理心的机会，让我们理解人与人之间互助的道德责任，以及为他人站出来的勇气。

这一连串百年树人的教育信念，皆载明于挪威基础教育的官方指导纲领中。可以说，挪威学校是有计划、有系统地通过每个阶段，训练学生成为一个不对周遭冷漠的人。幼儿园时期，学生经常被带往户外，除了亲近大自然，利用环境学习生活技能外，他们多数时间都是自由活动。可以蹲在地上堆石头、挖沙坑，或者像只猴子一样爬树。可以尽其所能地测试自己游泳能游多远，爬树能爬多高，跑步能跑多快。一旁的老师，除了注意学生的安全，学校赋予他们的一项更重要的任务就是：时时刻刻注意学生彼此之间的互动以及如何去对待他人。尤其是同学之间是否会互相帮忙，会不会自私自利。比如爬树时，某位学生是不是只在乎自己一人一路往上爬，会不会停下脚步，在必要时拉底下的同学一把。他们关切的是，在任何环境下，你是如何对待周遭朋友的，尤其是比你弱小的人。因为这其中的态度对一个学生的人格养成，有着深远的影响。

娜拉满周岁那年，我驾车载着她，前往郊区的百货公司为她选购生日礼物。返家的途中，前方路口突然传来一阵巨大的声响。一辆重型机车不慎和公交车擦撞，骑车的人闪避不及摔倒在地，幸好身穿标准护具，他看起来并无大碍。事发之

第四章 价值观：和谐共生

后，公交车上一位身材壮硕的女士立刻推开车门，跳下车，检查和询问被撞者的伤势。原本在我面前悠悠步行的一名男子，也连忙冲向现场，扮起临时交通警察的角色，在情况未明朗之前，先挡下了双向来车。

之后陆续有人加入了这场"救援行动"，自然有序的分工，仿佛个个都是训练有素的专业人员。虽然双向车辆因此堵了一段时间，不过却没有任何人因为久候不耐烦而鸣按喇叭，或者隔着马路围观看热闹。在得知是虚惊一场后，也没有人催促他人离开被堵住的车道。

肇事的公交车就停在我眼前，车窗内，出现了好几张小学生的脸孔。他们也对这起小小意外感到好奇，纷纷挤到窗边想知道发生了什么事。那位第一时间冲下车扶起被撞者的女士，刚好是带着这群小学生进行校外课的老师。眼前的一幕，应该就是最好的机会教育。连同那几位热心的路人，在这群小学生面前，呈现了一出冷静、平和且充满助人之心的交通事故救难剧。

娜拉还小，坐在儿童安全座椅的她什么也看不见。但我已为她记录下了这一幕。我很清楚地知道，这场小意外所表现

自然养育之道：不一样的挪威教养

出来的，不只是一群挪威人的热心、机警，还包括堵在双向车阵里，那些可能正赶着要办某些事的驾驶员。他们的耐心，可能就来自从小被教育的"不冷漠"。

挪威被誉为弱者的天堂。唐氏综合征儿、残疾人士，不必担心出门上街会遭到排挤、歧视。一个社会总有身强体壮者和骨瘦如柴者，在防止恃强凌弱的同时，挪威教育并没有忽略强弱两方之外，经常处于旁观者的绝大多数人。我们或许觉得挪威人的面容有些冷酷，很难深交为友，不喜旁人打扰，喜欢独处。但他们其实是最习惯于将个人同情转化成行动的一群人。

2014年，国际SOS儿童村组织打算为战乱下的叙利亚小孩募集过冬的衣物，于是在奥斯陆进行了一项实验。他们安排了一名仅穿着单薄针织线衫的小男孩，坐在室外公交车候车亭，以测试在冷冽的冬雪中，有多少从他面前经过的路人会伸出援手。

果不其然，通过一架隐藏式摄影机记录下来的画面，证实了挪威人确实都很乐于助人。他们把自己的手套、围巾和外套送给这位不知名的小男孩。假如不是在这个地方生活了几年，我应该会以为那只是一个专门贩卖温情的公益广告。

我希望娜拉将来上学时，在学校里不要是个老爱欺侮弱

第四章 价值观：和谐共生

小的讨厌鬼，同时也能懂得保护自己，不是个软弱的可怜虫。并且，我更期待她的内心能充满对弱者的怜悯和同情，以及为他人站出来的勇气。我相信，这会比拿着塞满石头的手套为自己报仇，更像个勇敢的小孩。

17. 对环境的爱惜源于亲近自然

在挪威人的教养中，对环境的爱惜和保护，或许并非全然出于强烈的道德指令，或是崇高的使命和责任，而是他们从小就和自然极为亲近。森林、湖泊、峡湾、溪流、风、雨、雪，都是他们成长过程中的良伴，偶尔还会是一名良师。

趁着户外阳光和煦，我们又一次推着娜拉的婴儿车到市中心南缘的阿克码头享受日光浴。阿克码头是一处奥斯陆成功打造的新兴住商混合区。市政厅的海滨步道两侧，餐厅、酒吧、咖啡厅与服饰店林立。面海而望，可远眺一座中世纪建成

自然养育之道：不一样的挪威教养

的阿克斯胡斯城堡（Akershus Festning）。有着仿古造型的观光用海盗船和市民通勤快艇，是此地与外围小岛往来的交通工具。步道末端，是一栋原木构成、外形简约的现代艺术馆，展出的作品风格以前卫、抽象著称。此区二楼以上的住家，户户阳台几乎都是面向大海，采光充足。少数住户在住家楼下的河堤边，还有专属小码头来停泊私人船只。可见这是多么棒的精华地段。

不过，尽管不是每个人都负担得起阿克港附近的房价，但依照挪威法规，任何住宅周边的港口沿岸，仍应是对所有人开放的公共空间。我们一家三口于是得以堂而皇之、自由自在地穿梭于这些豪宅的前庭后院。我们和娜拉在不需要付费、无人催赶的嫩绿草地上追逐嬉戏，偶尔会被闪耀的粼粼波尖刺得睁不开眼。

《国家地理》杂志曾有一篇报道介绍了挪威海岸。根据其引述的挪威地理学院的调查报告统计，挪威峡湾、海湾和岛屿的海岸线总计长达10.1万千米。若拉长成一条线，长度足足可绕地球两圈半。[1] 有本挪威儿童读物则是如此描述这个国

---

[1]　Verlyn Klinkenborg, Follow the Water Journey to the heart of Norway, National Geographic, Nov.,2013.（见 http://goo.gl/VEDLg7。）

第四章 价值观：和谐共生

家的："森林茂密，多山、多雪、多湖泊，有广阔的麦田，以及面向大西洋的绵延海岸线。这样的地理位置，不仅造就了这块土地的生成演化，同时也影响了世世代代挪威人的生活。或许它为我们带来过暴风雨和船难的危险，但海洋就是我们的粮食、我们的财富。"

挪威倚海而生，"海岸属于大家"是这个北欧王国所有人理所当然都懂得的道理。阿克港区虽然是不折不扣的有钱人的专属高级住宅区，但幸好那不表示其他人没有资格享受那一片蔚蓝海岸。不过，我和娜拉在阿克港海边玩耍嬉闹时还是要遵守某些规矩的。那些花了大把钞票住在这里的人，无从阻止我们自由往来这个区域，但外来游客也不能就真的把这里当作自家庭院，毫无约束、随意妄行。

位于港口尽头，开放式的休赫曼雕塑公园（Tjuvholmen skulpturpark）入口处，立有一道告示牌，上面写有如下文字：

我们（公园管理人员）竭诚欢迎您在这里尽情玩乐以及欣赏周边的雕塑品。对想要好好体会这些美好经验的人们，我们希望您能遵守以下几点：

自然养育之道：不一样的挪威教养

（1）体贴别人。您所感兴趣的事情，对别人来说可能会是一种噪声。

（2）那些雕塑品的作用是为满足视觉欣赏，它们不是玩具。而且其周边并无任何预防发生危险的安全措施，建议您和您的家人注意安全。

（3）我们虽然会在晚上打扫公园，但还是请您记得带走所有属于您自己的东西。

（4）请为您的狗拴上链子。

请尊重这个区域里的其他人。

（欲在此区游泳，安危自负，请自行承担风险。）

这张告示牌颇能反映当地人和公共领域的互动关系。大自然是公共财产，没有谁有资格剥夺他人获取自然空间所提供的幸福感。但人们也得尊重游戏规则，通过有节制的行为，确保现场环境的质量。挪威全境大大小小的自然风景区，都是以类似的观念维持着当地原始景观数十年，甚至数百年如一日。他们从来不需要依靠过多的人为设施保护山川、湖泊或者海湾，而是自小就鼓励挪威人以最贴近自然的简朴方式，

第四章　价值观：和谐共生

享受大自然的恩典。

基础教育阶段，人品道德教育是极获重视的课程之一。它除了启发个人的技能和特长之外，也使其行为能与自然保持和谐。它提醒着学生要关心环境，以良知对社会做出承诺，不要变成一个利己主义者。

挪威人自幼儿园开始，童年就经常是在原始的森林里和海边度过的，而不是在儿童乐园或拥有琳琅满目游乐设施的海水浴场。及至升入小学（基础教育的前七年），当地学生同样有非常多的时间在荒野中度过。他们学习滑雪、登山、健行、钓鱼、冰钓，在野地露营、夜宿森林小木屋，以及和父母在前不着村、后不着店的深山里度过暑假。如此的成长背景及深植在他们脑海里的环境意识，使他们自然有别于在高楼大厦、水泥丛林中长大的孩子。

挪威人理所当然地把这个国家的地理条件，当作是一组最鲜活的教材。因而官方拟定的基础教育目的，其一就是学校应该通过这个国家的四季变化和丰富的田园景致，让生活在这块美丽土地上的孩子，借由巍巍山林、壮阔的峡湾和从山顶激流而下的瀑布，于自身心头升起一种喜悦的情感。

自然养育之道：不一样的挪威教养

这些年下来，我颇能从中体会出挪威人环保意识的形成逻辑。每每带着娜拉出游，我也会告诉她垃圾不能乱丢，不要乱攀折花木，不要做出任何破坏环境的行为。因为那有违道德，乖孩子不会这么做。但在挪威人的教养中，对环境的爱惜和保护，或许并非全然出于强烈的道德指令，或是崇高的使命和责任，而是他们从小就和自然极为亲近。森林、湖泊、峡湾、溪流、风、雨、雪，都是他们成长过程中的良伴，偶尔还会是一名良师。因而有机会培养出他们一种油然而生的心灵状态，一种比任何法令或道德约束下更能让人乐于善待自然的本能。住在罗阿小镇的卡琳娜，求学阶段若是感情失意，对前途迷惘时，总会到住家后方的山林幽谷寻求平静。对照与她年岁相近时的我，比较熟悉的方式则是呼朋引伴，相约在昏暗嘈杂的 KTV 引吭高歌，借由一阵喧嚣来抒发青春的忧郁。

第四章　价值观：和谐共生

无可讳言，这几年的挪威之旅，遇见的不尽然都是赏心悦目之事。报上曾引起全国关注的新闻，包括激烈的哈当厄尔峡湾（Hardangerfjord）电厂兴建争议，以及罗弗敦群岛（Lofoten）的住民成天忧心忡忡，生怕外海油田终究动工开挖，会影响罗弗敦"挪威最美仙境"的赞誉。随着现代化的进行，挪威人的生活习惯确实越来越少纯粹地依赖大自然了，且日益被人为打造的世界所主导。新式的科技、产品、技术，解决了不少当地人传统生活的不便。和世界上许多地方一样，他们也难以幸免地被卷入到环保和经济的战役中。

任何人久居其间，都不难体会到普通挪威人的生活方式和外在环境之间，依旧存在着许多不用刻意为之的友善关系，当然也因此降低了人类对自然资源的掠夺压力。不止一位挪威朋友告诉我大自然就是他们最好的朋友。

《下一个全球超级典范——北欧：经济富足，人民幸福，全球跟着北欧学》（*The Almost Nearly Perfect People*）的作者布斯（Michael Booth）对北欧社会有着深刻的观察。这本书开头即是："这斯堪的纳维亚国家的天空，一如既往地拥有纯美无瑕的湛蓝。不知何故，它似乎比世界上任何一处天空都要

自然养育之道：不一样的挪威教养

高远辽阔……"我相信造访过挪威的人，任谁都不会觉得这句话太过夸张。当地报纸有则花絮附和了布斯的观察。文章说，有位挪威驻丹麦的外交官在久居丹麦结束外派任务回到自己的国家后，朋友问他最想念挪威的什么，他毫不迟疑地说："若说对挪威有任何想念，我个人最想念的就是挪威的天空。"

"天空"也许只是一个代表性的名词。历史上未曾有过严重工业污染的挪威，长期以来都被视为欧洲高环境质量的国家之一。尤其是当地城镇和森林原野临近，无论城市、乡下都能享有同样清爽的空气，这为挪威人所自豪。

21世纪含着金汤匙出生的挪威新一代，多在先进的科学技术发展的环境下成长。不禁让人怀疑他们能否还有意愿，像他们的上一辈一样，尽可能地为自己所生活的环境承担责任。

鲁娜曾对我说，老师在课堂上告诉他们，除非大家对科学以及其他关于自然的知识和技术有更多的了解，否则现代化的科技是很难掌握的。即使科技为我们带来了很多方便，我们也不要让推陈出新的科技左右了我们的生活，就像它改变大自然那样。学校里科学教育的目的，不光是让我们有足够的知识去运用它。我们也需要借由它去思考我们的未来，去了解我们

第四章　价值观：和谐共生

的抉择可能会造成什么样的后果。科技为人类社会带来便利、舒适生活的同时也制造出了紧张和矛盾。因为它确实正在危害人们世代一直居住的自然环境，毁掉了不少人原有的生活条件。

翻开鲁娜的中年级自然科学教材，其中论及了温室效应、遗传工程和国土资源。除了传递专业知识、借由不同实验活动设计来引发学生学习兴趣之外，当地老师还留给了他们更多的思考空间，去培养个人对自然界的洞察力，并以此建立起关于环保议题的道德观。

我并非鼓励娜拉向鲁娜学习，但挪威人的教育内容，确实是个值得参考的模式。鲁娜因为关切环境，她对自己生长的土地有了更多一层相互依存的感受。娜拉现在还不懂得思考该如何让经济和环保保持平衡的道理。不过，我至少可以为她多制造点儿机会和大自然交朋友，尽可能不让她和平板电脑、智能手机走得太近。不只是环保议题，如果能对周遭环境时时抱有关切之情，并广及各类公共事务，娜拉说不定也有机会成为一个具有丰富思考能力的人。

18. 平等、宽容是多元文化发展的基础

要让有着不同文化、宗教背景和生活习惯的一群人，相安无事地生活在一起，靠的是挪威学校教育提倡的平等、宽容观念。这是任何多元化社会得以稳定发展的基础。

虽然这是个国民人均年收入高达 9 万美元的国家，但很少有家庭会聘请家庭用人。挪威人大多自己带小孩，自己修房子，似乎不太擅长使唤人。也因为挪威是福利系统相当成熟的国家，一个人从出生到死亡，多有国家照管，因此对外佣并无明显需求。然而当地人看待外佣的眼光，可能也有别于我们的刻板认知。

根据挪威聘用家庭用人的法律，雇主除了必须支付受雇者每月 5000 挪威克朗的零用钱外，还得提供食宿，且至少让他们每周休息一天。一周总计工时不得超过 30 小时，一年另

第四章 价值观：和谐共生

有25天年假。同时需为对方缴付一年7000挪威克朗的挪威语学费，以便协助他们适应当地生活。

20世纪70年代，挪威因发现石油之故，经济跃然起飞，劳动力需求日增。在既有劳动人口不足的情况下，挪威曾大举向地处中东的巴基斯坦招募壮年劳动力。当年远赴异乡糊口的外地人，不少从此留在挪威成家立业。30年后，这些巴基斯坦人在挪威外来移民中已不算少数。同一时期，因为难民身份获得安置的越南人，经过几代繁衍，也成了这个国家的族群之一。再加上20世纪末，联合国每年依照配额，将伊朗、伊拉克、阿富汗、索马里以及非洲等国家难民分送至挪威，连续不断地丰富着这一斯堪的纳维亚王国的族裔组成。在奥斯陆市区，与我们擦身而过的人中，还有许多东欧人、中欧人或亚洲人。他们多数是为了相对安稳舒适的生活条件而背井离乡来到这里。基于地缘之便，到挪威谋生的瑞典人也不在少数。此外，随着亚洲外籍配偶的日益增多，他们的第二代、第三代，也渐次改变了这个原本由单一白人种族构成的国家。

挪威的历史也许可以追溯到上千年之前。冰河时期至维京时代，挪威人几乎从未和其他种族的人一起分享过当地的一

自然养育之道：不一样的挪威教养

草一木。几个世纪以来，他们对这块用以安身立命的土地有着强烈的归属感。但近代多元文化的发展，使其已经蜕变成另一个新国家，而且俨然已成为许多不同种族之人的第二故乡。

和娜拉同一时代的挪威人，有更多机会亲眼见识到这个世界不同的种族，彼此肤色的差异多样，比如挪威人某种程度上把聘请家佣视为文化流通的形式之一，而不光是为了分摊劳务。挪威小孩在成长过程中，通过学校、百货公司、儿童乐园和餐厅，总能自然而然地接触到多彩多姿的、迥异于纯种白人社会的信息。新一辈挪威人依旧热爱自己的国家，但对"国家"两字的体会，已和老一辈极为不同。

打从葛罗莉亚怀上娜拉的那一刻起，从怀孕、产检、分娩到进恢复室那短暂的三天，我们相继接触了瑞典裔的妇产科医师、波兰裔的助产士、越南裔的护士、非洲裔的验血师，还有许多不知其原乡为何处的非白人族裔人士，他们给了我们诸多协助。出院时我们预约的出租车，司机则是一名巴基斯坦裔的年轻小伙子。我大致能够理解，为什么挪威人会提醒我，如果要用一张照片向亲友介绍"挪威人"，画面中千万不要只有白人。多元种族的样貌，早已存在于当地的学校、国家机关、

第四章 价值观：和谐共生

私人企业和社会各阶层领域。任何意欲表现挪威社会的图像，挪威人都会记得兼及不同种族。

娜拉出生前，我曾有过短暂学习挪威语的经历。让我印象最为深刻的是，课堂教材里安排出场的人物，总是尽可能联系现实，不会只以挪威白人作为句子对白的角色。人物背景包括拉脱维亚人、美国人、印度人、泰国人、伊朗人，不一而足。会话练习除了让学习者同步了解挪威文化，偶尔也会穿插不同国家的习俗传统。所以虽然名义上是"语言学习课"，但已不仅仅是纯语言教学。自广纳移民的年代起，这个国家的人民就有了心理准备，他们所生长的环境，未来不会只是单一族裔的社会。

要让有着不同文化、宗教背景和生活习惯的一群人，相安无事地生活在一起，靠的是挪威学校教育提倡的平等、宽容观念。这是任何多元社会得以稳定发展的基础。娜拉15个月大时，正值出现许多有趣反应的年纪。因此推她出门，偶尔会吸引旁边经过的挪威白人妇女的注意。对方总是先向我这位亚洲爸爸示以善意的微笑，然后弯下腰逗逗娜拉，也会被娜拉有趣的举止逗得乐不可支。当我带着娜拉到奥斯陆近郊一座大

自然养育之道：不一样的挪威教养

型室内游乐场游玩时，周遭的白人妈妈向来不介意我抱着娜拉一起钻进彩球池。

我相信一个国家、一座城市的多元面貌是在教导我们要懂得相互尊重，而挪威校园正是一个足以让人领悟这个道理的环境。挪威虽然是传统的基督教国家，但挪威小孩在学校里接触到的同学，因为彼此家庭背景有异，所以还得学习面对其他不同于基督教的价值观。

印度小孩偶尔会穿着家乡的传统服饰上学。鲜艳的衣着色彩，配着领子、袖口闪闪发光的碎花亮片，对照北欧风格的穿着打扮，整体造型尽管有些突兀，却不会招致异样的眼光。尊重他人的观念便体现在这些生活细节上。他们并不会因为彰显自身文化而受到嘲讽。在发色、肤色，乃至眼珠颜色经常是花花绿绿的挪威校园，这里就是学生学习平等对待他人、包容文化差异的最好环境。

翻阅挪威基础教育阶段的社会课和历史课教材，我们会发现当地人不光是要以此认识来自己，还要去同步认识他人。认识一群和自己生活在同一块土地，却有着不同肤色、信仰和种族血液的邻居。或许因为曾目睹纳粹发动种族灭绝带来的苦

第四章 价值观：和谐共生

难，挪威和许多欧洲国家一样，也将那份恐惧升华为了日后的人权意识和人道主义。

假如娜拉真的在挪威长大，我当然没有办法保证她在成长过程中完全不会受到歧视。毕竟她的五官外貌就是个不折不扣的亚洲人的样子，而亚洲脸孔在白人社会向来不太吃香。但让我略感欣慰的是，挪威学校教育至少从未忽视平等和宽容善待异己的必要性。因为那并不只是为了表现强者的施舍，或是给予外来者一个友善的生存空间。而是为了让整个社会共同受益，更趋和谐而少有冲突。

奥斯陆城东的格陵兰区（Grøland），俨然是一处中东移民的聚居地，此地街道巷弄间的景物都和其他区域明显不同。不容否认，这一带确实是脏了一点儿、乱了一点儿。虽然的确有挪威人因为当地的拥挤杂乱而对其却步，但它也从未丢失秩序。信步其间，即使是挪威白人也不至于认为自己的安危会受到任何威胁，顶多是受不了沿街飘散的阵阵香水味。

这群中东移民在格陵兰区以自己习惯的方式，开餐厅，经营超市。也许墙壁上偶有涂鸦，以及有许多其他地区所没有的、专门提供拨打国际电话的小店面和二手旧货区，又或者是

自然养育之道：不一样的挪威教养

商店里的地板始终无法保持干燥清洁。但他们并非是因受到任何形式的欺侮，才必须群聚在一起实行自我保护。这里提供给他们的是一个可以不用缩手缩脚过日子的地方，不用假装自己像个白人一样。

我承认初期我曾被眼前迥异于自家环境的景象而震撼，我也确实听过挪威友人抱怨它让奥斯陆变得没那么光彩。格陵兰区地铁站出口，永远有股刺鼻的尿骚味也是事实。但挪威人自己也很清楚，这个国家若不是有这些人愿意以汗水体力换取相对微薄的工资，举国的基础建设将比临近的瑞典、丹麦落后20年以上。每年8月，在奥斯陆市政厅后方广场盛大举办的多元文化节上，一群思乡的外裔挪威人会齐聚一堂，以自己家乡的传统食物和歌舞表演，表达对故乡的思念并狂欢一整天。当地政府则秉承包容、接纳的理念，大力支持这群异乡人所举办的庆典。这么做正是因为长期以来，奥斯陆许多基层的体力工作总是由外裔人士担纲，所以某种程度上也是为了感激这些外裔人士对这座城市的付出。

为了和国际接轨，挪威从基础教育二年级起，开始正式教授学生英文。对一个仅有500万人口的小国家来说，若能广

第四章　价值观：和谐共生

泛熟练地使用英文，将有助于他们和其他国家的沟通联结。许多父母为了将子女推向国际化，甚至渐渐舍弃了以含有挪威特殊字母（如 æ、å、ø）的名字作为小孩的名字。考虑因素之一，就是为了配合全球化时代下的通用性。例如2012年，挪威最受欢迎的新生儿名字，女生是娜拉（Nora），男生则是卢卡斯（Lucas）。可以预见，未来取传统挪威男性名字"Bjørn"（比约恩）的挪威男孩将会越来越少，因为很多外国人不知其如何发音，甚至干脆念成"B-John"。

不过，对照诸如学英文、取名字这类"深谋远虑"的事件，我相信挪威人已经充分理解到包容自身社会的多元性，才是开阔小孩国际视野的第一步。成人之后，他们就更能以宽容的国际观去认识外面的世界。

对挪威人来说，我和娜拉是长得和他们完全不一样的外国人。但我很庆幸，挪威人能在他们的基础教育中，注入高度的平等、包容等观念。无论在什么样的场合，即使他们对我们的出现充满好奇，或是对我所来自的地方不了解，也不会以"歧视"作为互动的起始。通常你从对方的神情和态度，便能略知他们对你究竟是友善还是嫌恶。

尽管我知道人性中很难完全没有自我优越感，而傲慢的挪威人也并非不存在，但他们确实正努力通过教育手段予以克服。数年的挪威生活中，如果我知道娜拉未来将身处备受歧视的环境中，我一定会及早带她远走高飞。如果走不了，我们也很难跟着挪威人一起珍惜这块土地——可能会疏于垃圾分类，不愿节约，甚至无所谓地消耗当地资源。那么，这或许就成了挪威人的损失。相反的，当外来移民获得和当地人同等的尊重时，他们的智慧和劳动能力，便有更大的可能去成为这个国家共同的资产。

19. 沟通是教育真正的目的

一个被视为独立个体的挪威青年，在离开他的班级后，能懂得思考，并且有能力明确地向旁人传达自己的主张。纵有意见不合，也愿意进行沟通，这才是教育真正的目的。

第四章 价值观：和谐共生

艾瑞克在欧司高中（Ås Videregående Skole）已任教 16 年，这位体育老师曾被欧司市（Ås）的地方报纸誉为当地最受欢迎的老师。受好奇心驱使，我直接找到艾瑞克，问他究竟是怎么做到的。他却腼腆地顾左右而言他，直说没这回事。住在他对门的好友兼邻居洁西事后私下告诉我："你知道的，挪威人嘛，对这类自我标榜的事迹，总是不太好意思承认。"当洁西告诉艾瑞克，我正在撰写一本有关挪威教育的书籍时，这回轮到他对我的工作感兴趣了，还主动追问了不少细节。没多久，我就收到了艾瑞克的来信，他邀请我到他的学校与他班级的学生碰面。希望这样的安排，有助于我进一步了解挪威的教学环境。

挪威教育并非毫无缺点。但至少，我相信他们时时刻刻都在修正，并尽可能淘汰不合时宜的措施。毕竟这是个变化的时代，教学方法也要与时俱进。例如挪威高中生的辍学问题日趋严重，有一段时间这让挪威教育当局十分头疼。主因是学生觉得课堂上的教学内容太过无趣，宁可早一步投入就业市场，即使做体力工作也无所谓。这时校方就要绞尽脑汁地想办法留住学生，否则长此以往，对整体国民素质将造成负面影响。

自然养育之道：不一样的挪威教养

2013年春天，风靡全球的北美流行歌手贾斯汀·比伯（Justin Bieber）在挪威首都奥斯陆举办了一场个人演唱会，门票在开唱前瞬间销售一空。因为歌迷们实在太过疯狂，奥斯陆警方为此还安排了大批人马来维持舞台周边秩序。极其不巧的是，贾斯汀演唱会选择的时间，刚好和当地高中的期中考试撞期。为了让学生们能专心准备应考，校方竟然宣布延期考试。

当时身为家长的我，应该站在反对的一方吧。为了一个歌手延期考试？简直是宠坏了孩子。不过，话说回来，回想自己的青春岁月，不也曾为了欣赏美国公牛队和湖人队的冠军赛而装病请假吗？为了舒缓几千颗同时为贾斯汀剧烈跳动的心，延后两天考试，似乎又无伤大雅。这是挪威学校为避免学生逃学、缺考而做出的权宜之计。这当然不是什么值得鼓励的事，公告一出，也确实受到了不少家长的责难，认为学校对学生过于纵容。没想到校长们的解释仅是幽幽的一句："谁没年轻过呢？"

为了增加学生的学习兴趣，艾瑞克也有些巧思。他曾留了一项家庭作业，请学生针对培养一名足球选手，来分析需要经过哪些训练程序。并将自己收集汇总后的资料，上网发布到

第四章　价值观：和谐共生

个人博客上。艾瑞克的用意是，传统学生交作业的方式，作业只有老师看得见，若是通过个人博客呈现作品，学生们或许有机会得到来自各方不一样的意见。艾瑞克对学校为配合贾斯汀演唱会而延期考试一事未置可否。但他认为，也许有时候挪威的教育方式，的确是借助于玩乐，以激发学生的学习动力。"但请别误会，我们并非只懂得玩玩而已。"

关于这份博客作业，学生还可以自行转贴到个人的脸谱（Facebook）页面，就又能得到更多实时的意见交流。艾瑞克说："如此一来，他们也会懂得要为自己的言论、文字负责。而不是东抄西抄，随便乱写。也许唬得过我，但唬不了其他人。"

在实地观察艾瑞克班级上课情况时，其中两位同学伊文和奥斯比兴冲冲地向我展示了他们个人博客的内容。伊文首先开启网页，嘴里同时念念有词，说出了一堆我其实不甚理解的体育专业用语。一旁等着向我介绍个人研究成果的奥斯比则满怀自信地对我说："我的网页做得可比他的好多了。"听到这句话，原本滔滔不绝的伊文，稍微停顿了一会儿，说道："噢，是吗？我并不这么认为。""看完我的之后，再请评价。"奥斯比又向我补充了一句。艾瑞克的创举显然收到了功效，至少学

自然养育之道：不一样的挪威教养

生们不会觉得这是项无聊的作业，每个人都做得有模有样。艾瑞克说："一旦他们不是为了应付我，就能从中学到真正有用的知识。"

后来在艾瑞克班上，我们的话题几乎都围绕着各自的博客作业。艾瑞克虽然是体育老师，但我很清楚他个人的教学目的，不只是要训练学生的体能和运动技巧。准备作业的过程也是一种沟通能力的培养过程，这是挪威人从小到大最为在乎的事情。例如通过学生的博客，我们可以看到他们如何清楚地表达自己所认定的选手训练程序。经由大量的信息整理，他们逐渐掌握了运动的游戏规则，何为团队合作，以及什么是运动中的公平手段等。他们必须用他们自己的方式，去表述个人的意见，并且接受批评、容许挑战，进而让自己的想法更加成熟。经由同学间彼此讨论出的心得，也许比纯粹由艾瑞克在大家的作业本上留下几句评语更具实质意义。

我想，走访了一趟欧司高中，我大概可以理解为什么艾瑞克会广受学生欢迎了，即便他还是不承认有报道说的那回事。如果娜拉将来遇到如他一般的体育老师，我相信从他身上学到的能力，将远超过运动技巧本身。娜拉需要多动些脑筋、

第四章 价值观：和谐共生

勤于查找数据、充实自己的知识、训练成熟的表达能力，而且应懂得运用科技工具传达个人见解。像艾瑞克这般投入教学热情的老师，可不是随随便便就能打发的。当然，娜拉可能会觉得花时间写博客是件苦差事，就像艾瑞克班上少数几位同学一样。不过不用担心，如果刚好遇上如艾瑞克这样的老师，那就可能会换个方式，因为他总会帮学生找到其他的替代方法。

我无法认定艾瑞克的教学作风是否称得上是挪威老师的典型，毕竟我接触过的当地老师有限。但几位曾接受过我访问的挪威老师，他们之间确实存在着很多共同点——"独立思考""自我表达""激发学习兴趣""善用工具""注重沟通""鼓励好奇心"，诸如此类。这几位挪威老师无论是任职于幼儿园，还是基础教育学校，或者是高中，都几乎毫无例外地，总会在阐述个人教学方式时，适时地穿插上述概念。

除艾瑞克之外，契莉也是个有趣的例子。她曾受聘到香港一所国际学校教授英文，个人教学经历一路从幼儿园累积至中学阶段。她的观察是，相比较而言，香港家长比起挪威家长更在乎她的教学内容和方法。即使自己的小孩才刚满3岁，就有香港家长忧心忡忡地拉着她讨论未来子女上大学的问题了。

自然养育之道：不一样的挪威教养

但作为一名"出身挪威"的老师，她首要关心的是这些小孩在学校里有没有交到朋友。"我们在乎的是社会（人际）互动，不管你拥有多少知识，最重要的是你有没有机会和能力去运用它。"

契莉曾当着一位香港家长的面严肃提出："如果你没有时间陪伴你的小孩，或者没做到偶尔读故事书给她听，却要求我每周盯着她在学校至少看完三本书。那么，你的女儿若还想继续留在我的班级，我会要求她一周至少有一小时必须什么都不做，纯粹只是玩游戏。"因为她发现这位家长的女儿，不太懂得如何与人交友。若在挪威校园，这会被视为有必要进行家庭访问和深入调查的大问题。

积累了几年往返亚洲和挪威的教学经验，契莉说她发现两地学生最大的差异，就是香港学生习惯等着老师单向地教导他们，挪威学生则老是围着老师七嘴八舌地不断抛出问题。而且香港父母似乎都非常忙碌，他们多数把小孩的教育工作一股脑儿地交给学校。挪威家长与此刚好相反，无论什么阶段，他们都很愿意参与小孩的成长。

契莉说得一点儿也没错。好友安杰拉 15 岁的儿子安德每周四都会到小区运动场打篮球，原本我以为那不过是年轻人之

第四章 价值观：和谐共生

间的休闲活动，而实际上却是由住在附近的学生家长负责打理一切，并协助组成篮球俱乐部。家长间有分工，比如安杰拉的先生史顿需要经常帮忙扛矿泉水，有些家长则是到场边担任比赛计分员。一如契莉所说，亚洲国家的父母的确较少花时间参与子女这类活动，倒是十分热衷于盯着子女的学业表现。

另外，艾瑞克也曾向我提及，在他的课堂上，学生们学习的目的已不仅仅是增进运动专业知识。无论这些学生将来能否在体坛发展，他所重视的，是一个被视为独立个体的挪威青年，在离开他的班级后，能懂得思考，并且有能力明确地向旁人传达自己的主张。纵有意见不合，也愿意进行沟通，这才是教育真正的目的。

2013年底，适逢挪威外国记者协会主席改选，我们所有成员都接到了开会通知。会议开始时，对着我们这群非挪威籍的外国人，会议主持人开头第一句话即是："今天，我们将以'挪威人的方式'开会。"语毕，大家会心一笑。因为那表示会议过程将会十分冗长，所有人都有机会表达意见。平时大家的看法就未曾一致，那么，多花点儿时间讨论未来主席人选也是意料中的事。

自然养育之道：不一样的挪威教养

好友约翰任职的挪威商业学院计算机部门，曾以"该不该帮某位同事购买生日蛋糕庆生"为由，召集所有同事，像煞有介事地公开讨论此事。因为同事间有人提出，如此一来，是否对之前未获生日蛋糕的同事不公平，又或者未来是否有必要将它定为办公室的例行公事，来自美国的约翰，手边正忙着编写一套全新的计算机系统程序，被急急忙忙叫到会议中心，得知开会的主题居然只是为了一块生日蛋糕，差点儿没从椅子上摔下来。

在我看来，也许这些例子稍显小题大做，但在挪威人的日常生活里，这正是他们从小养成的处事习惯。一个人假如天资聪颖，学习力强，拥有良好的成绩、不低的学历，却不擅长与人沟通互动，也难称得上是成功的教育典范。

挪威这个国家拥有悠久的历史传统。挪威人协调沟通能力强，这也是他们经常出面斡旋、调停他国纷争的原因。他们有想法，且擅长表达，愿意对话，同时彼此尊重。面对一个党派众多、宗教多元、立场互异的社会，这是确保他们不会乱成一团的重要因素。挪威青年在进入社会之前，多半已具备这些能力。而且似乎不需要特别设计所谓的口语传播、人际沟通课程，艾瑞克开出的博客作业，其实就足以成为有效的学习经验。

第四章 价值观：和谐共生

20. 一所挪威高中的社会科目考试

挪威社会高度信任自己国家的年轻人，相信他们在18岁之后，对任何事物都能提出自己的推论和想法，并通过个人的观察，条理分明地对外传达主张。这无疑是成年人必备的基本功夫。

每年5月1日起，便进入了挪威高中的毕业季。直到17日挪威国庆典礼当天，当地毕业生会特别穿上一袭被称为"罗斯装"（russdress）的工作服出门，标示着自己即将展开人生新的一页。挪威文的"russ"源自丹麦文的"rus"，指的是大学里的新生，挪威人引申其意，以此代表一个正式迈向独立自主的年轻人。罗斯装根据高中不同类组而有颜色之别。例如文科和理工科的高中生会穿上红色罗斯装，商业管理科系会穿上蓝色罗斯装，农务科系会穿上绿色罗斯装，技职学校穿的是黑色罗斯装，白色罗斯装则是属于体育学科的代表色。

自然养育之道：不一样的挪威教养

这个挪威高中生迎接毕业的悠久传统，使奥斯陆街头在那段时间更加色彩缤纷。

整整半个月，他们可以在街上任意咆哮、喧哗，恣意载歌载舞，偶尔扰乱公众秩序（有时因为太过分，使民众的容忍度趋下滑）。或者集资将一辆旧巴士改装成行动酒吧，在里面装置音响、吧台，装上五光十色的灯光设备，沿街播放震天响的电子音乐。房东彼藤（Biten）的大儿子虽然放弃了和同学一起参与电子巴士之旅，却也特别与父母商量，让他在自己家中举办派对。彼藤和先生当晚只好识趣地相约外出吃饭，为了不扫小孩的兴，饭后又看了场电影，只为尽可能地让出家里的空间，供一群小伙子热舞狂欢。

结束疯狂不羁的成年仪式，脱下罗斯装后，他们将正式挥别过往青涩的年华，成为一个凡事得自行负责的成年人。他们会搬离父母家，和朋友分租公寓，自己想办法筹措生活费，没有人会指挥他们应该找份工作、继续升学或者去当兵。高中毕业，意味着眼前是一盘新棋局，光是有抽烟、喝酒的自由，并不足以代表成年。他们被赋予了所有成年人必须承担的权利和义务，需要动脑筋建构自己往后的人生。

第四章 价值观：和谐共生

因此在成人之前，挪威教育体系便培养他们担当的本事。在儿时习得的裁缝、烹饪和修缮房子技巧，很快就派上了用场。在专业学科之外，他们还需要具备成熟的价值观和道德感，并且认识自己，找出自己的方向，不依赖父母，懂得掌控独立自主后的生活。

法定成年后步入的高中时期，是训练一个人思考和辩证能力最重要的阶段。挪威社会高度信任自己国家的年轻人，相信他们在 18 岁之后，对任何事物都能提出自己的推论和想法，并通过个人的观察，条理分明地对外传达主张。这无疑是成年人必备的基本功夫。挪威教育不会将一个只懂得穿罗斯装饮酒作乐的年轻人丢进成人的丛林世界。[1]

2014 年 5 月 17 日，那是我最后一次上街观看挪威人的国庆游行。娜拉坐在婴儿车里，睁大双眼，目不转睛地看着眼前的嘉年华人潮。她偶尔会被一旁穿着罗斯装，时而叫嚣喧哗、时而引吭高歌的挪威毕业生所吸引。刚升上高一的安琪当天并未参加这场街头盛会，而是窝在家里准备期末考试。几周前，

---

[1] 挪威人 18 岁开始享有投票权，可选择从军，可申请结婚、同居、同性婚姻，可买香烟，以及饮用酒精浓度在 18% vol 以下的酒类商品。同时享有适用于所有一般成人的法律权利和义务。

自然养育之道：不一样的挪威教养

我才见识了他们学校高一的社会科目考题，也更能理解，在这举国欢腾的日子，安琪为什么选择缺席了。

那张社会科目考卷分为两部分。第一部分是名词解释，第二部分是申论题。名词解释共有三个问题，它请学生说明：

第四章 价值观：和谐共生

（1）"何为国家主权"

（2）"什么是权力"

（3）"全球化的意义"

根据安琪的说法，这几道名词解释皆为简答，准备过程比较简单，只要把课堂上教科书里提到的内容写出来即可。但要应对申论题，就要另当别论了。考卷上列出的申论题题目是：

请说明第二次世界大战之后，联合国的工作目标是什么。依你所见，联合国有没有达成这些目标？请以实例论证你的论点，并提出其中来自全球的阻力和助力。

这份社会科目考试的测试时间为45分钟，而且不采用开卷（open book）方式进行。事前如果没有下功夫，光是以教科书内容照本宣科，很难拿到好分数。对有志朝医学院迈进的安琪来说，这科考试的成绩至少要得到6分（评分方式为1~6分）。

自然养育之道：不一样的挪威教养

　　问题就在于想得到 6 分，除了作答的基本事实必须正确外，一如题目中所强调的"依你所见"，学生还需提出个人的意见和分析。同时进一步用正面和反面例子举证，去陈述或论证自己的观点，具体说出它的一体两面，而后归纳出自己的结论。等待成绩公布的安琪，当时拿着这份考卷打算和我讨论，我向她坦言我可能会交白卷。她说："这样吗？好吧，你只要记得在左上角写上自己的名字，至少还可以得到一分。"挪威国庆节当天，安琪选择留在家里念书。可以想见，即将到来的期末考试，一样不是那么轻易就能应对过关的。

　　起初，看见这些题目，我以为它纯粹是为了测试学生的国际观，但似乎又不止于此。安琪虽然打算学医，但因为高中二年级才正式分组，在此之前，她也要上历史和社会课。安琪在历史、社会课中，也许认识了印度童工的问题、亚洲的平民文化、欧盟的组成，还有美国与俄国粗略的简史，但她很少以背诵来证明自己从课堂上获取了多少知识。多数时间，如同那份社会科目考题的申论题，老师总是鼓励学生思考，尤其是深入探究正反两方面不同的意见，在多方立场的交锋中形成自己的看法。因此，在教科书之外，安琪还得自行阅读不少相关的

第四章　价值观：和谐共生

课外读物。幸好当地考试经常没有标准答案，她不必读尽各类教材，才能确保万无一失。

艾瑞克交代给学生的博客作业，也存在同样的目的。他曾对学生说："我会在课堂上把我所知道的全部告诉你们，但下课之后，你们如果希望能额外增加自己的知识，那就是你们自己的事了。"艾瑞克告诉我，身为一名挪威高中老师，他从来没觉得自己是学生唯一的知识来源。他认为，老师的作用不过是刺激学生思考，引发他们自我学习的欲望。因为无论哪一名学生，其实都有能力靠自己的力量，在别处找到更多与课程相关的知识，而且多是身为老师的他所不曾听闻的。

挪威式的教育环境，着重于培养学生的思考、辩证能力，以应对眼前瞬息万变的世界。事实上，校园向来只是学生18岁以前，获得知识和学习技能的渠道中的一环而已。除了学校里的学习，挪威学校还给了学生足够的机会和时间去挖掘教科书以外的知识。挪威高中生下午4点就放学返家，所以有余力为自己增加见闻。他们因此能更贴切地去理解和评价自己所身处的时代，务实地规划未来。

自然养育之道：不一样的挪威教养

挪威国庆节后，妮可带着小女儿维多利亚来访。她比娜拉稍长，已到了可以邀请同学到家里举办生日派对的年纪。在妮可的提及下，我才知道挪威的幼儿园家长，有时为了确定如何替小孩庆生，需要郑重其事地开会讨论。当时维多利亚班上有两个小男生，老是欺侮弱小。于是有家长建议，就不要邀请这两个小男生参加生日派对了。妮可问我，如果是我，我会怎么做。附和于反对他们参加的意见，也许是为人父母普遍的反应。不过，妮可和其他家长不愧是受挪威式教育训练长大的。他们当时立刻反问自己，在人际互动上，自己的小孩假如邀请了全班其他同学参加生日派对，

第四章　价值观：和谐共生

却独缺那两个学生，是不是也等于不自觉地对这两个小男生施行了另一种形式的霸凌？

我想，很多时候，我们应该都以安琪的社会科目考试题为模板，针对生活上的许多问题自我诘问，并以此教育子女。哪怕只是办个生日派对这种小事，它都蕴含了一个人的立场和价值选择。思考、辩证不是大人们的专利，假如从小没有养成这方面的习惯，我们又如何确信自己成年之后，不是人云亦云、缺少见地，任由旁人或外力牵引？又如何相信自己能在争论不休的议题和有疑义的价值中，自由选择其中一方？

自然养育之道：不一样的挪威教养

1903年获颁诺贝尔文学奖的挪威作家比昂松（Bjørnstjerne Bjørnson）曾特别写诗歌咏"罗斯庆典"（Russefeiring），为挪威高中生的毕业仪式增添了告别青涩的况味。一觉醒来他们将一肩承担起人生重责，成长似乎就在瞬间。我相信绝大多数的他们，已做好了准备。我也满心期待着娜拉生命中这一天的到来。

后记　儿童至上

任何一个有"国家可持续发展"概念的社会，便绝不可能轻易忽视任何一个儿童存在的价值。他们现在也许还毫无建树，甚至连话都还讲不清楚，但假以时日，可能就会为这个国家带来决定性的改变。

结束一段挪威之旅，回顾过往，无论挪威的美有多么震撼人心，终将随记忆消散。不过，至少仍有一幕是如此让人难以忘怀：当地小孩总能眉开眼笑地在湖边戏水、在山林里纵情奔跑、在雪地上踩着滑雪板飞速疾行、在田园间品尝野莓苹果。他们如今依旧享有我们的孩提时代——一段曾经有过的自由，那般无拘无束。即便身处车水马龙、人声鼎沸的繁华都市，他们也还是能东奔西跑的孩子。

"儿童至上"是挪威人打造自己国家时牢记的金科玉律。

自然养育之道：不一样的挪威教养

小孩仿佛都是王国的上宾，受到厚爱，享尽国家资源。任何家长只要以处理小孩事务为由，向公司主管请假或者打算提早下班，都绝对不成问题。他们的上司当然偶尔也会这么做。为了小孩放下手边的工作，从来无须编造事由，更不必忸忸怩怩地难以启齿。曾有政府部会首长堂而皇之地请育儿假在家带小孩，桌上政务全部移交给同事代理。此外，还有一名政党要员竟以当天要接小孩放学为由，临时缺席年度党代表大会。该党主席获悉后仅回了句："噢，这样啊，小孩总不能自己回家吧。"日理万机、统揽国政大权的挪威前总理斯托滕贝格（Jens Stoltenberg）在位时，其经典名句之一便是："把小孩照顾好，是每位国民每天生活中的首要工作。"

挪威儿童之所以深获国家重视，是有迹可循的。20世纪前半叶的欧洲社会战祸连天，分别起于1914年和1939年的两次世界大战，前前后后造成了欧洲数千万人死亡。为避免国家劳动力出现衰减，各国政府开始赋予本国女性增加国家人口的重要任务。当时还未把焦点直接放在儿童身上，而是大肆宣传生养子女是女性同胞爱国的表现，甚至还说怀孕是妇女能为国家做出的最积极贡献。甚至还有生小孩就颁发奖牌的创举。

后记　儿童至上

　　国家尽其所能地要求妇女同胞多生小孩，目的就是要填补因为战争所造成的人力空缺。当时欧洲许多有识之士都十分担心自己国人的生育率会落于人后，挪威自然也不例外。直到2012年全国人口终于突破500万，挪威才从长期人丁单薄的危机感中，稍稍松了一口气。

　　不过，两次大战期间，正巧也是欧洲妇女运动抬头的时期。男人在战场上死伤无数，间接促使一夜之间成了寡妇的女人们学习如何独当一面。她们为了维持生计、养家糊口，纷纷外出寻找工作，成为家中重要的经济来源，并且开始积极投身于公众事务。就算有些家庭的男人安然地从战场上回来，也未必能重新适应已经恢复太平的日子。于是许多家庭多是由女人挑起肩头重担。传统性别角色定位自此出现了明显的变化。对照当时将女人视为生育机器、鼓吹女人以怀孕生子为己任的政令宣传，欧洲妇女实际上已开始希望走出家庭、追求自我。

　　挪威的女权意识也跟着这一波浪潮风起云涌，当代文学作品更起到了推波助澜的作用。例如19世纪中期，挪威女作家

自然养育之道：不一样的挪威教养

卡米拉·柯莱特（Camilla Collett）[1]在1854~1855年匿名发表了一部名为《总督女儿》(*Amtmandens Døttre*)的小说，描述了一名年轻少女，无惧性别枷锁，抵死不从父亲为她安排的婚事，展现了个人情感不受操纵的自主性。小说情节无疑严重违背了那个年代世俗的道德观，让挪威社会为之震撼。挪威的女性们却大受启蒙。

紧接而来，1879年由挪威剧作家易卜生（Henrik Johan Ibsen）创作的《玩偶之家》(*Et dukkehjem*)，又进一步将传统女性长期受到的束缚与不公，写实地摊在阳光下。女主角自行结束婚约，最后甚至抛夫弃子，这在当时简直是离经叛道，因此受到欧洲保守人士的强烈批评。其影响所及，远不止于挪威。和易卜生并称挪威文坛两大巨人的另一位挪威文学家比昂松也在1883年以一部《手套》(*En hanske*)，重重敲击了那堵父权之墙。光是女主角丝薇瓦因为未婚夫在外偷情，而将手套砸在他脸上的一幕，就足以让欧洲传统社会中信

---

[1] 卡米拉·柯莱特成名于19世纪中期，其所著的《总督女儿》一书，描述了一名少女因勇于表达自我，进而成功地抵抗了父亲为她安排一段婚姻。在那个时代，这样形同直接挑战了欧洲父权社会的游戏规则，甚至可谓大逆不道。不过，此书一出版，随即受到欧洲女性读者的大力支持，众人竞相阅读。连挪威剧作大师易卜生的作品也深受柯莱特的影响。

后记　儿童至上

奉男尊女卑的信徒浑身不舒服，以至于要修改后才能上演。更早之前，曾在1928年获颁诺贝尔文学奖的挪威女作家西格里德·温塞特（Sigrid Undset）[1]，在欧洲女权运动萌芽之初，即不畏人言、身先士卒地主动舍弃信奉基督新教（挪威国教为基督新教），改而信奉天主教。借此宣告自己虽然是个女人，但也有选择宗教信仰的权利。

挪威女性地位的走势，就像一条从谷底跃升的弧线。经过半个世纪的推进，挪威女人如今堪称已和挪威男人平起平坐。女性总理就出了两位，连王室也一举跟进修改继承条款，未来挪威也可能出现女王。

于是，问题随之而来了。若要提高生育率，就要依赖于妇女怀孕生子。虽然战后出现了婴儿潮，但新时代的女人除了生养子女，她们也想出门上班，想追求自我。新一代的女性早就不甘心承接老一辈母亲的命运，成天被绑在家庭琐事上，夜以继日地独立辛苦地抚养小孩。那么，最直接有效的解决之道，就是把父亲拉回家庭，并训练他们能和太太一起携手操持家务。

---

[1] 至今，挪威史上曾出现过三位诺贝尔文学奖得主，分别是比昂松、汉姆生（Knut Hamsun）与西格里德·温塞特。而西格里德·温塞特是唯一的女性。她善以细腻的笔触，直捣当时挪威社会道德沦丧和伦理败坏的阴暗面。

自然养育之道：不一样的挪威教养

战争造成人口数量下滑，妇女因此被鼓励生育，但受女权意识抬头的影响，女人不再愿意完全埋首于家庭工作。无须再上前线作战的男人，必然就得一同担负起子女的养育责任，这样进而逐渐改变了现代父亲的角色。从此小孩的成长教育便是由父母共同承担。本书各章节所提及的挪威式教养内容，自然不会只是妈妈的天职和义务。事实上，也唯有沉浸在平等社会的氛围之下，许多挪威教育措施的设计初衷才有付诸实践的可能。

当男孩能把毛线球织成一条围巾，女孩能使用榔头、扳手制作桌椅，意味着男女双方都被训练成"更完整的人类"。由这些新新人类所造就出的整体国力表现，恐怕早就远超过当初纯粹为冲刺人口数的政策预期。

在挪威诸多政府机构中，管理儿童事务的部门全名为"儿童、平等暨社会包容部"（Barne-, Likestillings-Og Inkluderingsminister）。基于上述背景，我们得以理解这个部门将三者归纳为同一范畴的用意。尤其是"平等"和"儿童"之间的关联性。因为一旦论及挪威儿童福利制度，归根究底，很多都是出于两性平等的精神。所有育儿假、育婴津贴、幼儿园托育制度，都是同时考虑到父母双方的条件和需求。更

后记　儿童至上

重要的是，每日平均工时法规的落实，让家长在工作之余，还能有余力亲自接送小孩，而且没有人会理所当然地认为接送小孩上学、放学的人应该都是妈妈。

在父权体系下，我们习以为常地认为照护小孩是母亲的工作。但挪威父母在小孩的成长过程中，会彼此轮流为子女洗澡、换尿布、讲故事、接送上下学或者推着他们出门散步，少有失衡状态。这也是当地教育内容中，相当注重的儿童健康人格养成的必要条件。他们不仅传授下一代平等主义的价值观，同时也让父母能以平等的方式参与子女的养育。

至于为何如此大费周章，要把父母都拉进子女教养的核心圈里，这又要回到小孩本身所代表的意义了。儿童不再只是某个族群的集合名词，每一个小孩都应该被看作单独的个体。这样的态度同样也是从平等观念衍生而来的，挪威人认为小孩不该被视为父母的附属品。最重要的是，他们每一个人都是国家未来的公民。任何一个有"国家可持续发展"概念的社会，便绝不可能轻易忽视任何一个儿童存在的价值。他们现在也许还毫无建树，甚至连话都还讲不清楚，但假以时日，可能就会为这个国家带来决定性的改变。

自然养育之道：不一样的挪威教养

在挪威，每个孩子对于国家来说，都是不可或缺的一分子。在他们的成长过程中，都能受到国家的重视，并享受均等的教育机会与资源。当地所有的公共空间、大众运输乃至政府、民间举办的各式各类活动，从未忘记要给小孩保留一席之地。如此一来，保障小孩有限的空间就是相当顺理成章的事了。培育儿童的工程，其影响甚为深远而重大，那么父母双方又有哪一人可以缺席呢？

挪威人之所以认为儿童至上，关心小孩的教养过程，以及在乎他们未来可能变成一个什么样的人，我相信是因他们应该具备了更宽阔的眼光和心胸。身为家长，挪威很少有人只盯着自己的儿子和女儿，想象他们有一天能出人头地、光耀门楣。人们意识到任何一个小孩都是社会共同的资产，彼此牵动着各自的未来。

附录　写给娜拉的一封信

亲爱的娜拉，如果我没有告诉你事情的全貌，或者以为实行挪威式的教育便可万无一失，那么，显然我不是个尽责的父亲。或者说，一旦这么做，也就违反了挪威教育的精神。挪威的教育并没有那么完美。挪威校园同样有许多让人头痛的问题。比如，根据挪威劳工暨社会福利局（Nye Arbeids- og Velferdsetaten, NAV）2013年的统计，在挪威全国青少年中，有10%属于出身相对富裕的中产阶级家庭，他们同时也是当地高中辍学生中最主要的一个群体。因而反映出许多生活舒适、家庭条件优渥的青少年，或许在缺乏个人目标的状况下，变得越来越不爱上学。

另外，同一时间，他们的报纸还报道说，约有8万名18岁到30岁的挪威青年，从2000年起就持续领取NAV给予的经济补助。一方面，这代表了国家的经济实力很

自然养育之道：不一样的挪威教养

强，也许失业率也不高。但其中有 4 万名挪威年轻人竟被归为"低工作能力者"，有 3 万人几乎找不到工作，只能靠申领失业救济金生活，剩下的 1 万人，则多是有生理或心理问题，如患抑郁症等。负责发钱的 NAV 早已认识到事态的严重，强烈要求政府从改善教育系统着手，确保所有挪威青年在离开学校之前，个人的技能条件能符合社会的需求。

这份报纸的记者还采访了一些有实际教学经验的挪威老师，请他们指出挪威校园里究竟存在哪些不为人知的一面。一位曾参与高中生学习状况研究计划的医护人员说，就她的亲身经历而言，她发现和其他国家相比，挪威学校的纪律真的很差，学生上课时数又少，不少学生散漫的学习态度，让人感到十分惊讶。她直言不讳地说，在她教过的学生中，有些人既懒惰、被娇生惯养又缺乏彼此尊重。他们会把脚跷在桌子上，上课上到一半时还要求老师让他们暂时休息一下，或者直接抱怨老师的教学内容太无聊。当她打算利用多媒体设备吸引学生注意力时，学生们反而毫不领情地在她背后窃窃私语。有学生还会不自觉地把手搭在她的肩上和她说话，等等。

她说，这群懒惰的学生不仅自己不爱上学，还会怂恿同

附录　写给娜拉的一封信

学。他们的父母对自己小孩逃学的行为则是无可奈何，只能任由他们成天盯着智能手机、iPad（苹果公司的平板电脑）和笔记本电脑。他们毕业后根本找不到工作，尤其缺乏上进的动力，有些人每天都很晚才起床，等于一步步将自己推向社会的边缘。从18岁起，少有人会再从父母身上获取金钱援助，但他们会成天赖在父母家里什么也不做。

最后，报道指出NAV已和各地学校合作，为这些迷途羔羊提供更多的工作训练，协助他们取得职业证书，如电工、汽车修理工等。此举已陆续使5万多名挪威青年受惠。

这篇赤裸裸的报道，如实反映了挪威教育的一个面貌。自你出生之后，我和你妈妈经常讨论着一个始终充满疑惑的问题——什么才是完美的父母？那年夏天，你成了我们家的新成员，带给我们数不尽的欢乐，生活上也因而出现很多意料之外的喜悦。例如你第一次叫"爸爸""妈妈"。但是无可回避的，我们也常常为了你的教养问题而时有争执。间或因为对你不了解，额外增添了许多疲惫、沮丧和焦虑感。你偶尔会不明所以地啜泣，最终演变成号啕大哭。而且很多时候又专挑半夜时，怎么哄你都无济于事。

自然养育之道：不一样的挪威教养

许多专家安慰我们说，关于如何扮演一对完美的父母，说穿了根本没有标准答案。每个父母都自有一套教养小孩的方式，只要父母和子女双方都有良好的感受，那就差不多正确了。

同样的，回过头看看挪威的教育内容，我们似乎也无须奢求一套没有瑕疵的教育制度，来帮助我们把你养育成一个完美的人。尽管挪威教育也有它自己的困境，但至少这些年来，在挪威让我看到了一些在我身上不曾有过的教养方法。如果有机会重返一回，说不定会让成年后的我少走些冤枉路。

挪威人的优点，不只是他们外形长得俊俏、身高比谁都高，有强壮的体魄、宽阔的肩膀和修长的双腿，又或者爬山的时候，没有人比他们爬得快，总是能先一步到达从没有人去过的地方。事实上，在孔武有力的外表下，他们同时也如同拓荒者一般，无时无刻不在寻找民族的自我核心价值——诸如平等、尊重人权、尊重妇女、环保、多元、尊重和民主等——并且有着强烈的企图心，将其注入广及所有人的教育之中。很多时候，他们对自己国家的"幼苗"到底知不知道这些价值的关注更胜于学业成绩。

附录　写给娜拉的一封信

当地的教育模式也许不尽理想，但它已证明了这个国家曾经借此成功地打造出了一个人人称羡的斯堪的纳维亚社会。我相信挪威人的教育观念和信仰，多少有着可靠的参考价值。

亲爱的娜拉，我们就要离开这个曾让我们感到美好的国家。我打算将你的婴儿床留下，车子也卖了，房子要交还给房东，那些极占空间的羽绒大衣，以后也未必再派得上用场。既然我们不会有像 NAV 这样的机构作为个人颓靡生活的靠山，那么，我们唯一要记得带走的，就是挪威人对生命的热情和追求自我的勇气。这本书里记下的只言片语，就是我们归乡时满载的行囊。

除此之外，我实在不知道该教你什么，或者告诉你面对未来需要具备什么条件。有时候我连自己的下一步都无从掌握。这个世界变化得太快，谁能确定当你到了我这个年纪，手上拿着的会是什么样奇形怪状的手机。很清楚的是，这草草数十篇文章，根本不足以撑起你往后未知的人生。它们总会有落伍、过时需要再次修正的时候。但至少，你能记得就够了。

也许，有一天你也有机会和我一样，走进市区一家麦当劳，点一份餐点，挑个角落的位置，拿出 iPad 上网神游。或

自然养育之道：不一样的挪威教养

者随性地翻阅一本杂志，阅读一本图书，享受无人干扰的午后时光。突然，一阵刺鼻的异味从你面前飘过。一位穿着邋遢、披头散发的妇女"咚"的一屁股坐到你的隔壁桌，从她指甲缝里的污垢来看，你可以更加确定这名像流浪汉的女士，已经很久没洗过澡。在你蹙着眉头，略微调整呼吸，打算起身移往他处时，你的脑袋里也许会出现一个画面，就像那时我所看到的：周围的挪威人不以为意，依旧自顾自地用餐。没有人以逃离现场的举动，表露对这位女士的鄙夷。还记得吗？挪威基础教育曾经提到一件很重要的事——任何人的尊严，都是不容侵犯的。她如果有地方洗澡，又何必忍受这种不适？这样的经历，会不会让你想到一个社会该追寻的公平、正义、平等及宽容？如果你认为她影响了你用餐，那就请找出一套方法，让我们周围不必再有任何人需要面对这种生活。如果你在挪威生活过一段时间，你会知道，当地很多人就是这么想的。而那正是挪威教育的目的。

附录 写给娜拉的一封信

最后，假如你和那 10% 的挪威高中生一样，对学校的一切兴趣皆无（当然，我极不希望如此），因为觉得无聊而不爱上学，想以提早闯荡江湖来挑战自我，或者成天赖在家里无所事事。那么，请记好，15 岁之后，我尊重你的一切决定，你不只是个独立的个体，我相信，你一定会有足够的能力，去思考自己要用什么样的方式走过青春。况且，我们何必逼迫孩子按照大人的逻辑为人生填空，即便你是我的孩子，我也不打算这么做。就像那位伟大的挪威探险家南森说的："与其让一个人坐在教堂里想着出门滑雪，还不如在出门滑雪时想到上帝。"娜拉，自己看着办吧。